단번에 개념 잡는 기후변화

9가지 핵심 질문으로
빠르게 마스터하는
중학 과학의 기초!

신나는 과학을 만드는 사람들
박영희, 박지선, 한문정 지음

단번에 개념 잡는 기후변화

이 책의 특징과 구성

1주제 1개념 9질문

1. 손에 쏙 들어오는 **한 권**의 책으로
1. 융합학문의 기초인 **교과 개념 하나**를
9. **아홉 가지 핵심 질문**으로 탄탄하게 마스터!

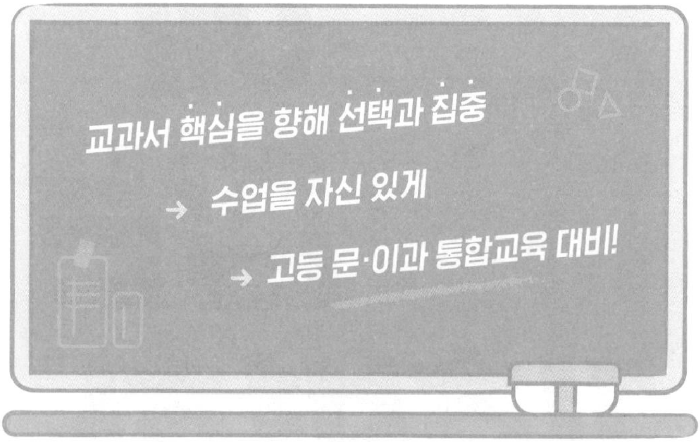

교과서 핵심을 향해 선택과 집중
→ 수업을 자신 있게
→ 고등 문·이과 통합교육 대비!

30초 **예습** 퀴즈

한눈에
주제와 개념을
파악할 수 있는

시작은 간단하게!
얼마나 알고 있나 OX 문제를 맞혀 보자

본문 속 형광펜으로 **정답 풀이!**

30초 **복습** 퀴즈

이것만은
알아야 할
키워드 학습

마무리는 단단하게!
확실히 알고 있나 주관식 문제를 풀어 보자

기본기를 높여 주는 **핵심 정리!**

예습·복습 퀴즈 합쳐서 1 분

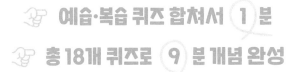

총 18개 퀴즈로 9 분 개념 완성

이 책의 교과연계

중등

- 과학 1
  - III 생물의 다양성
  - IV 기체의 성질
  - V 물질의 상태 변화
  - VII 과학과 나의 미래
- 과학 2
  - VII 수권과 해수의 순환
  - VIII 열과 우리 생활
  - IX 재해, 재난과 안전
- 과학 3
  - I 화학 반응의 규칙과 에너지 변화
  - II 기권과 날씨
  - VIII 과학 기술과 인류 문명

고등

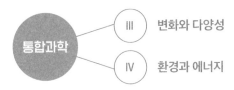

통합과학
- III 변화와 다양성
- IV 환경과 에너지

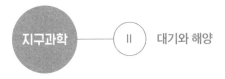

지구과학
- II 대기와 해양

차례

들어가며

이 책의 집필을 의뢰받았을 때가 마침 기후변화의 원인과 그 피해에 관해 공부하고 있던 시기였습니다. 지금의 기후 위기를 일으킨 어른으로서 미안함과 책임감이 가득했지요. 학생들이 기후변화에 대해 올바른 개념을 세우고 적극적으로 대응할 수 있도록, 학교 수업 시간에 어떻게 하면 기후 위기를 효과적으로 녹여 낼 수 있을지 고민이 깊었습니다. 이 책의 내용은 이러한 고민 속에서 구성되었습니다.

책의 앞부분에서는 과학 수업 시간에 배우는 내용과 연관지어 기후란 무엇인지 기본 개념을 설명합니다. 그리고 기후변화가 일어나는 원인, 기후변화에 따른 피해를 살펴보고 그 피해를 극복하려는 국제사회의 움직임과 협약을 알아봅니다.

책의 뒷부분에서는 기후 위기를 벗어나기 위한 구체적인 정책과 행동을 다룹니다. 화석연료에 대한 대안으로 떠오르는 신재생에너지에 대해 살펴보고, 탄소 중립을 위한 그린뉴딜 정책들을 살펴봅니다. 또한 청소년이 주축이 되어 하고 있는 기후행동을 살펴보며 우리가 나아가야 할 방향을 함께 모색합니다.

기후 위기를 극복할 수 있는 시간이 얼마 남지 않았습니다. 전 세계가 힘을 합쳐 파국을 막기 위해 하루빨리 실천해야 할 때입니다. 청소년 환경 운동가 그레타 툰베리는 이렇게 말합니다.

"우리는 기후변화에 대해서 제대로 교육받은 첫 번째 세대이며, 행동할 수 있는 기회가 있는 마지막 세대다."

이 책을 읽는 여러분도 기후변화에 대한 올바른 이해를 바탕으로 인류를 구하는 기후 행동 실천에 적극 참여하기를 간절히 바라 봅니다.

1

날씨와 기후는 다른 건가요?

30초 예습 퀴즈

날씨와 기후에 대해 얼마나 알고 있는지 OX 문제를 풀어 보세요.

❶ 기상은 날씨 또는 일기라고 말하며,
짧은 시간 동안의 대기 상태를 말한다. (O, X)

❷ 기후는 보통 10년간 관측한 날씨 정보의 평균값을 말한다. (O, X)

❸ 대기권은 기압에 따라 4개 층으로 나뉜다. (O, X)

❹ 대기의 습하고 건조한 정도는 상대습도로 나타낸다. (O, X)

❺ 태풍은 온대저기압이다. (O, X)

정답 ❶ O ❷ X ❸ X ❹ O ❺ X

"내일의 날씨를 알려드리겠습니다", "내일의 기후를 알려드리겠습니다" 둘 중에서 어떤 말을 더 많이 들었나요? '내일의 날씨를 알려드리겠습니다'라는 말을 훨씬 더 많이 듣지 않았나요? 네, 맞습니다. 사람들은 내일 비가 내릴지, 춥지는 않을지 궁금해하며 매일 날씨 뉴스를 찾아보지만 내일 기후를 알고 싶어 하지는 않습니다. 이렇듯 날씨와 기후는 확연히 다른 말입니다. 날씨와 비슷하게 쓰는 말로 기상이라는 용어도 있습니다. 날씨, 기후, 기상이라는 단어의 정확한 뜻을 알아볼까요?

서로 다른 의미, 기상과 기후

❶ **기상**은 **날씨** 또는 **일기**라는 뜻으로 짧은 시간 동안의 기온, 비, 바람 같은 대기 상태를 말합니다. 지구를 둘러싼 공기층에 태양 빛과 지구의 운동, 육지와 바다의 분포 등 다양한 요인들이 영향을 주어 변화가 일어나고 그에 따라 시시각각 변하는 대기 상태를 기상이라고 합니다.

반면 ❷ **기후**는 어떤 지역에서 오랜 시간 반복되는 평균적인 기상 현상입니다. 보통 어느 지역에서 30년 이상 관측한 기온, 습도, 강수량, 풍향, 풍속 등의 날씨 정보를 평균한 값입니다. 예를 들어 기상이 하루하루 변하는 사람의 기분이라면 기후는 그 사람의 성격이라고 생각할 수 있지요. 내일 그 사람의 기분을 정확하게 맞히기는 어렵지만, 성격은 어느 정도 파악할 수 있습니다. 이처럼 내일의 기상 즉, 날씨를 정확하게 맞히기는 어렵지만, 어느 한 지역의 기후를 예상하는 것은 어렵지 않습니다. 평균값에 경향성이 보이기 때문입니다. 한 가지 예를 들어 볼까요? 우리나라의 경우 여름엔 북태평양 공기덩어리(기단)의 영향을 받아 습하며 덥고, 겨울엔 시베리아 공기덩어리의 영향을 받아 춥고 건조하다는 것을 100퍼센트 예측할 수 있습니다. 하지만 8월 1일에 몇 도까지 올라갈지, 12월 25일에 눈이 얼마나 내릴지는 정확하게 알 수 없습니다.

하지만 기후도 가끔 예상을 깨고 평균에서 벗어날 때가 있는데 이를 **이상기상**이라고 합니다. 이상기상이란 기후의 평균에서 벗어난 것으로 30년에 한 번 정도 일어나는 비정상적인 상황입니다. 단기간에 큰 피해를 주는 혹서, 혹한, 폭우처럼 평균적인 기후 수준을 벗어난 날씨를 말합니다.

이에 비해 기후변화는 30년 이상 누적된 평균 기후와 비교해 보았을 때 눈에 띌 정도로 기온이 오르거나 내려가는 현상입니다. 다양한 요인으로 기후의 평균값 자체가 변하는 것이지요. 지구의 평균기온이 상승하는 지구온난화는 대표적인 기후변화입니다. 기후변화라고 일컫는 현상은 특별한 설명이 없는 한 '인간이 일으킨 기후변화'를 의미합니다. 자연적인 기후변동의 범위를 벗어난 인간 활동으로 일어나는 기후변화는 여러 위험을 몰고 오고 있습니다.

인류의 역사를 바꾼 기후

기후는 인류의 삶에 많은 영향을 줍니다. 지구상에 처음 등장한 인류인 오스트랄로피테쿠스는 턱 근육과 턱뼈가 강했고

치아도 튼튼했습니다. 호두까기 인형같이 단단한 턱으로 딱딱하고 두꺼운 껍질에 싸인 열매나 씨앗을 깨 먹으며 살았기 때문입니다. 그들이 살았던 남아프리카와 동아프리카는 춥고 건조해 열매나 씨앗의 껍질이 자연스레 두꺼워졌을 것입니다. 약 10만 년 전 빙하기의 척박한 아프리카의 환경에서 벗어나기 위해 인류는 아라비아반도로 이동했습니다. 건조한 환경으로 먹을거리가 부족해지자 녹지가 풍부했던 아라비아반도나 아시아, 유럽 쪽으로 이동한 것이지요. 인류 조상이 거주지를 아프리카에서 아시아, 유럽까지 확장할 수 있었던 원동력은 기후였습니다.

인류에게 혹독한 빙하기는 그 이후에도 이어졌습니다. 지금으로부터 약 2만 년 전, 지금보다 5~12도 낮았던 빙하기가 있었습니다. 이 시기는 채집과 수렵 생활을 하던 구석기시대였습니다. 마지막 빙하기가 끝난 약 1만 년 전은 이전보다 훨씬 따뜻해지고 작물 재배, 가축 사육을 할 수 있는 환경이 되었습니다. 마침내 신석기시대가 시작된 것입니다. 농사를 지을 수 있고 그 전보다 먹을거리를 손쉽게 구할 수 있게 되자 인구는 폭발적으로 늘고 문명의 발달도 빨라졌습니다. 이후 청동기시대와 철기시대를 거쳐 현재에 이르렀습니다. 인류 문명의 발달은 어찌 보면 따뜻한 기후 덕분이었습니다.

11~13세기는 기후가 온난해 '중세 온난기'로 부릅니다. 이

시기에 유럽의 바이킹은 북쪽의 아이슬란드와 그린란드까지 진출했습니다. 우리나라도 온난한 시기였습니다. 그러다가 지금보다 기온이 1도 이상 낮았던 '소빙하기'가 16세기 말부터 19세기 초까지 이어졌습니다. 소빙하기 때 전 세계 빙하의 면적은 넓고 두꺼웠으며 겨울이 길어지고 예전에 잘 얼지 않았던 강이 자주 얼어붙었습니다. 날이 추워지고 홍수와 가뭄이 반복되면서 농사가 잘되지 않자 기근, 전쟁, 전염병 등으로 인류에겐 혹독한 시련이 닥쳤습니다. 이 기간에 유럽에서는 많은 사람이 굶어 죽거나 전염병으로 사망했습니다.

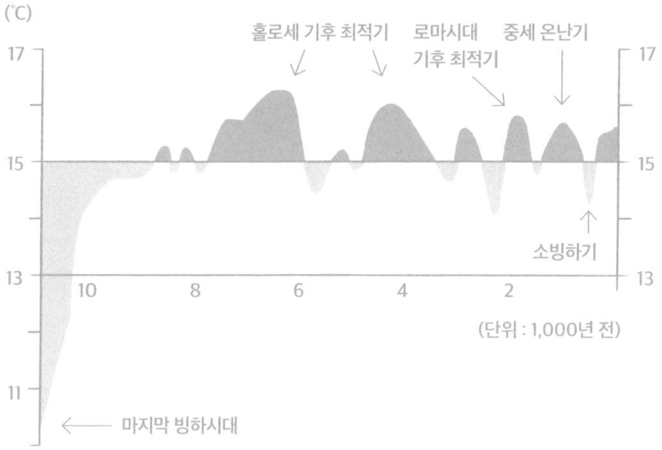

과거 1만 년간 지구 평균기온의 변화

이 시기 우리나라도 추웠습니다. 기록에 따르면 17세기에는 9월이나 10월에 한강이 얼기도 했습니다. 동해도 여러 차례 얼었고, 제주도에 눈이 많이 내리고 우박과 서리가 자주 와 농사를 망쳤다는 기록도 있습니다. 먹고살기 힘든 시절에 사회마저 혼란해져 민란도 자주 발생했습니다. 여러 역사에서 살펴볼 수 있듯이 기후와 인류의 역사는 정말 떼려야 뗄 수 없는 관계입니다. 기후는 인류의 존망을 좌지우지할 수 있는 중요한 환경이지요.

기상과 기후를 알려 주는 기상정보

기상과 기후에 대해 알기 위해서는 주기적으로 기상정보를 수집해서 분석해야 합니다. 이제부터는 대표적인 기상정보인 기온, 습도, 구름, 비, 기압, 바람을 알아보겠습니다.

1. 기온

기온은 공기의 온도입니다. 지구를 둘러싼 공기층인 대기를 데우는 에너지원은 태양입니다. 대기층은 **태양복사 에너지**로 데워진 지표에서도 에너지를 받는데 이를 **지구복사 에너지**라 합니다. 지구복사와 태양복사로 에너지를 얻은 대기층은 기온이 오르기도 하고 내리기도 합니다. 낮에는 기온이 오르고 밤에는 기온이 내려가는 것처럼요.

높은 산을 등산할 때 정상에 가까워질수록 기온이 점점 낮아져 추위에 떨게 됩니다. 그렇다면 산보다 더 높은 곳으로 올라간다면 기온은 계속해서 낮아질까요? 아닙니다. ③ 대기는 위로 올라가면 기온이 낮아지는 구간도 있지만 높아지는 구간도 있습니다. 그래서 대기권은 기온 변화에 따라 4개 층으로 나뉩니다.

지구 대기권은 우주와 명확하게 경계가 있는 것은 아닙니다. 지상에서 1,000킬로미터까지는 매우 소량이지만 공기의 흔적이 있어 보통 지구의 대기권을 지상에서 1,000킬로미터 높이까지로 봅니다. 지구의 대기권은 지상에서 500킬로미터까지 기온 변화에 따라 대류권, 성층권, 중간권, 열권으로 나누고 500~1,000킬로미터까지는 외기권이라 합니다.

지표에서 위로 올라가면서 가장 먼저 만나는 층은 **대류권**입니다. 위로 올라갈수록 기온이 낮아지고 공기도 희박해져 숨쉬기도 힘듭니다. 더 높이 올라가면 구름도 만날 수 있습니다. 하지만 약 11킬로미터 이상 올라가면 구름은 보기 힘듭니다. 그 위쪽부터는 다시 기온이 올라가므로 대류가 일어나지 않아 구름이 만들어지지 않기 때문입니다. 여기서부터는 **성층권**이라고 합니다. 아무리 강한 태풍이라도 성층권까지는 영향을 주지 못합니다. 우리가 알고 있는 눈, 비, 천둥·번개 등의 기상 현상은 주로 대류권에서 일어납니다.

성층권은 구름도 없고 바람도 불지 않아 대단히 안정된 층입니다. 여기엔 **오존층**이 있어 태양에서 오는 자외선을 흡수해 지구에 사는 생물이 자외선에 노출되는 것을 막아 줍니다. 하지만 몇 년 전 남극뿐만 아니라 중위도 지방의 오존층도 뚫리면서 세계적으로 큰 문제가 되었습니다. 성층권의 오존층이 사라진다면 사람들은 지구에 살면서도 우주여행을 하는 것처럼 눈과 피부를 보호하는 커다란 헬멧을 쓰고 다녀야 할 겁니다. 더 이상의 오존층 파괴를 막기 위해 프레온가스 배출을 제한하는 국제협약인 몬트리올 의정서가 제정되어 각국에서 오존층 복원을 위해 노력하고 있습니다.

지표에서 약 50킬로미터 이상 올라가면 다시 기온이 내려가는 **중간권**에 도달합니다. 위로 갈수록 기온이 계속 내려가 영하 90도에 이릅니다. 이 층은 우주에서 날아오는 돌멩이들이 대기와 마찰을 일으켜 빛을 내는 별똥별이 생기는 구간입니다. 이보다 더 올라가 지표에서 약 80킬로미터 높이에 이르면 대기가 거의 없는 **열권**에 도달합니다. 이곳에는 공기 입자가 뜨문뜨문 있어서 태양 빛이 있는 낮에는 온도가 많이 올라가고 밤에는 온도가 급격히 떨어집니다. 열권에서는 태양에서 날아오는 전기를 띤 입자들이 지구 자기장에 이끌려 양쪽 극지방으로 모여들게 됩니다. 이때 하늘을 신비한 푸른빛으로 수놓는 아름다운 오로라가 펼쳐지게 되지요. 또 열권은 공기가 거의 없으니 마찰이 생기지 않아 인공위성이나 우주정거장이 지나다니는 궤도가 있습니다.

더 올라가면 열권 밖입니다. 보통 열권은 지표에서 500킬로미터까지고 그 이상은 **외기권**이라고 합니다. 이곳에는 수소나 헬륨 분자, 산소 원자, 산소 이온 등이 아주 조금 있고 가벼운 분자나 원자는 지구 인력을 벗어나 우주로 탈출하기도 합니다.

2. 습도

❹ 공기의 습하고 건조한 정도를 습도라고 하며 주로 상대습도를 의미합니다. 상대습도는 현재 기온의 포화수증기량에 대한 공기 중 수증기량의 비를 백분율(%)로 나타낸 것입니다.

$$\text{상대습도(\%)} = \frac{\text{현재 공기 중의 실제 수증기량(g/kg)}}{\text{현재 기온에서의 포화 수증기량(g/kg)}} \times 100$$

상대습도가 높다는 것은 현재 공기가 최대로 포함할 수 있는 수증기량과 비교했을 때 수증기량이 많다는 뜻입니다. 보통 비가 오는 날이 이런 경우고 이때는 상대습도가 100퍼센트에 이릅니다. 날씨가 추워져 공기의 기온이 낮아진다면 포화수증기량이 적어지게 되고 상대습도가 높아집니다. 하루 중에 기온이 가장 낮은 새벽이 이런 경우입니다. 새벽에 이슬이 맺히거나 안개가 낀 것을 본 적이 있나요? 이는 기온이 많이 낮아져 포화수증기량이 확 줄어들면서 상대습도가 100퍼센트가 된 경우에 일어나는 현상입니다.

이해하기 쉽게 영화관 좌석에 비교해 볼까요? 100석짜리 영화관이 있다고 상상해 봅시다. 영화를 보러 온 사람이 100명이라면 100퍼센트, 50명이면 전체 영화관 좌석의 50퍼센트만 채운 것이 됩니다. 상대습도를 구하는 식에서 분모인 '현재 기온에서의 포화수증기량'은 영화관의 좌석 수와 같습니다. 다만 이 영화관의 좌석 수는 기온이 높아질수록 늘어나고 기온이 낮아지면 줄어듭니다. 식에서 분자인 '현재 공기 중의 실제 수증기량'은 영화관에서 좌석에 앉은 사람을 의미합니다. 100석의 포화수증기량 좌석에 실제 수증기량이 50이라면 좌석을 50퍼센트 채운 것으로 상대습도는 50퍼센트가 됩니다. 만약 실제 수증기량이 50으로 똑같다 하더라도 기온이 내려가 포화수증기량인 영화관 좌석의 수가 50개로 줄어든다면 모든 좌석에 관객이 앉은 셈이 되고 상대습도는 100퍼센트가 되는 것이지요. 이게 바로 앞에서 말한 새벽이슬이 맺히는 이유입니다.

장마철에 습도가 높아지면 비가 오지 않는 날에도 마치 수증기 속을 걸어다니는 것같이 습한 느낌이 듭니다. 실제로 한여름에는 습도가 90퍼센트까지 올라가기도 합니다. 우리가 쾌적하다고 느끼는 적정 습도는 40~60퍼센트로, 그 이하나 이상이 되면 너무 건조하거나 습해서 불쾌감을 느끼지요.

3. 구름과 비

하늘에 뜬 솜사탕 같은 구름은 공기 중에 있는 작은 물방울입니다. 수증기가 응결하면 구름이 되고 다시 수증기가 되면 눈에 보이지 않으므로 구름의 모양은 시시때때로 달라집니다.

구름이 만들어지려면 공기가 위로 올라가야 합니다. 공기가 위로 올라가면 부피가 늘어나고 온도는 낮아져 공기 속의 수증기가 작은 물방울로 변합니다. 높이 올라갈수록 온도가 낮아지면서 쉽게 상대습도가 포화되어 100퍼센트에 도달하지요. 따라서 높은 곳에서는 수증기가 쉽게 응결되어 구름이 만들어집니다. 구름 입자는 지름이 0.02~0.08밀리미터의 물방울이라 상승하는 기류나 부력의 영향으로 하늘에 뜰 수 있습니다.

구름은 공기의 상승 운동이 활발하면 키가 큰 **적운형 구름**이 만들어지고, 상승 운동이 약하면 주로 옆으로 퍼져 나가는 키 작은 **층운형 구름**이 만들어집니다. 구름의 색은 대부분 흰색이지만 검은색이나 회색도 있습니다. 구름을 이루는 물방울들이 태양 빛을 모두 반사, 굴절하면 흰색의 구름이 되고 물방울 입자가 너무 크고 많아 태양 빛을 반사하지 않고 흡수하면 검은색의 구름이 됩니다. 검은 구름은 곧 비가 올 가능성이 큰 구름으로 먹구름 또는 비구름이라고도 합니다.

구름 속 얼음 알갱이가 성장해 무거워지면 지표면에 떨어지는데 그대로 떨어지면 눈이 되고, 기온이 높아 녹으면 비가 됩니다. 예를 들어 적도 근처에 따뜻한 지역에서는 구름 속 큰 물방울이 떨어져 비가 내립니다. 반면 우리나라는 중위도 지방이어서 구름 상부는 영하로 내려갑니다. 그래서 구름 속에는 얼음 알갱이와 물방울이 같이 있지요. 수증기가 달라붙어 성장한 얼음 알갱이는 아래로 떨어지면서 물방울과 부딪히면서 더 커집니다. 이때 기온에 따라 비나 눈이 내리게 되지요.

그런데 빗방울이 어떤 모양인지 알고 있나요? 흔히 아래가 둥글고 위가 뾰족한 물방울 모양  을 생각합니다. 그런데 빗방울은 이런 모양이 아닙니다. 빗방울이 1밀리미터보다 작으면 동그란 공 모양  이고 지름이 커지면 아래위가 납작한 햄버거 모양  이 됩니다. 4.5밀리미터보다 커지면 부서져 다시 작은 공 모양  이 됩니다. 실제로 비는 대부분 납작한 햄버거 같은 모양으로 내립니다.

그렇다면 눈은 어떤 모양일까요? 눈의 결정은 여러 가지 모양으로 보이지만 기본적으로 육각형입니다. 육각의 판 모양으로 자라 납작한 부채나 나뭇가지 형태  로 커지거나 육각 기둥 모양으로 자라나 바늘 결정 모양이 됩니다. 눈이 육각의 모습으로 자라는 이유는 물 분자가 결합할 때 그렇게 연결되어야 안정하기 때문입니다. 그러나 육각의 모습을 갖추지 못하는 경우도 있습니다. 싸라기눈은 적란운 속에서 회전하면서 낙하해 공 모양으로 성장합니다. 한편 적란운 속에서 상승과 낙하를 반복하면서 결정의 지름이 5밀리미터 이상으로 커지면 우박이 됩니다. 싸라기눈과 우박은 동그란 공 모양으로 내립니다.

어떤 지역에 일정 기간 내린 비, 눈, 우박, 안개 등의 양을 측정한 것을 **강수량**이라 합니다. 그 자리에 고인 물의 높이를 재서 밀리미터 단위로 나타냅니다. 비가 내릴 때의 양은 강우량, 눈이 내릴 때는 강설량이라고 합니다. 많은 비나 눈이 한꺼번에 내리는 폭우나 폭설은 우리에게 큰 피해를 줍니다. 갑자기 내린 폭우, 폭설은 교통사고나 건물 파괴, 고립 등 엄청난 경제적 피해를 가져옵니다. 그러나 반대로 경제적 이익을 주기도 합니다. 겨울철 강설 덕분에 봄 가뭄 피해를 줄일 수 있고, 많은 비는 다목적댐으로 유입되어 수자원으로 쓰이며, 비가 내릴 때의 세정 효과로 대기가 깨끗해지기도 합니다.

4. 기압과 바람

공기의 압력을 기압이라고 합니다. 지표면에서 실제로 우리를 누르는 공기의 압력은 어마어마하지만 평소에는 잘 느끼지 못합니다. 지표면에서 우리를 누르는 기압은 1톤 무게의 자동차가 누르는 힘과 비슷하다고 합니다. 지상에서는 기압을 잘 느끼지 못하지만 높은 산을 오르거나 비행기를 타고 높은 곳에 오르면 우리 몸은 기압의 변화를 느낍니다. 다들 높은 산을 오르거나 비행기가 이륙할 때 귀가 먹먹해지는 경험을 한 적이 있을 겁니다.

이처럼 평소에는 잘 느낄 수 없는 기압을 어떻게 알 수 있었을까요? 이탈리아의 물리학자인 토리첼리가 실험을 통해 알아냈습니다. 길이 1미터의 유리관에 물보다 무거운 수은을 가득 채우고 역시 수은이 든 용기에 유리관을 수직으로 세우자 수은이 내려가다 높이가 76센티미터인 지점에서 멈추었습니다. 유리관의 수은이 내려오는 것을 막는 것과 같은 힘이 수은이 담긴 용기를 누르는 대기의 힘이고, 그 힘이 바로 수은 기둥 76센티미터가 누르는 힘과 같다는 것을 알게 되었지요. 지표에서 대기의 힘은 수은(원소기호 Hg) 기둥 76센티미터와 같고 물로 바꾸면 물기둥 10미터가 누르는 힘과 같습니다.

정리해 보면, 지표에서 대기의 압력을 1기압이라고 하는데,

이는 수은 기둥 76센티미터, 물기둥 10미터에 해당하는 압력과 같습니다. 1기압을 1제곱미터당 1뉴턴이 누르는 힘인 파스칼(Pa)로 나타내면 101,325Pa, 즉 1,013hPa입니다.

1기압=1,013hPa=76cmHg

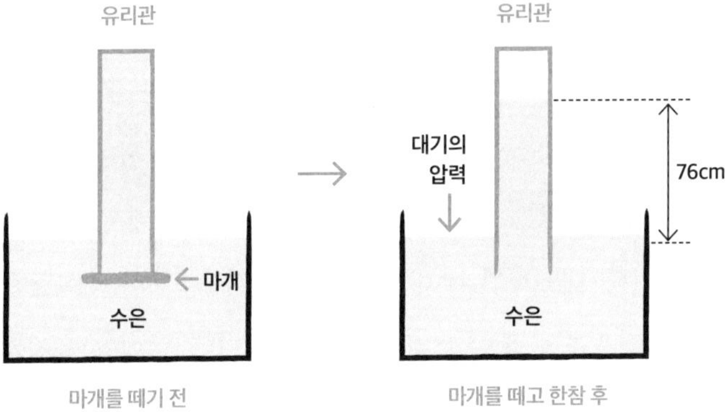

토리첼리의 실험

지표에서 위로 갈수록 기압은 점점 낮아집니다. 지표에서 5.5킬로미터 정도 높아지면 기압이 지표의 절반으로 줄어듭니다.

바람은 공기의 흐름입니다. 공기가 많은 곳에서 적은 곳으로 이동하면서 바람이 생깁니다. 기압이 높은 곳은 공기가 많은 곳이고 기압이 낮은 곳은 공기가 적은 곳입니다. 그러므로 기압이 높은 곳에서 낮은 곳으로 바람이 불게 됩니다. 기압 차이가 클수록 바람이 더 세게 불지요. 기압의 분포를 알면 바람이 어떻게 불지 알 수 있습니다. 그런데 기압 차이는 왜 생기는 것일까요? 주로 지표면의 온도 차이 때문에 생깁니다. 온도가 높은 곳은 공기가 팽창해 상승하면서 주변으로 퍼져 나가 기압이 낮은 **저기압**이 됩니다. 반대로 온도가 낮은 곳은 공기가 수축하면서 하강하고 상공에 주변의 공기가 모여들어 기압이 높은 **고기압**이 됩니다. 그 결과 지상에서는 기압이 높은 곳에서 낮은 곳으로, 즉 고기압에서 저기압으로 바람이 불게 됩니다.

바람 중에는 특정한 계절이나 장소에서 계속 부는 형태도 있습니다. 대표적인 예가 해륙풍과 계절풍입니다. **해륙풍**은 낮과 밤에 해풍과 육풍이 번갈아 부는 것입니다. 낮에는 육지가 바다보다 빨리 데워져 육지의 공기가 상승해 저기압이 되고 바다는 고기압이 되어 해풍이 붑니다. 밤에는 육지가 바다보다 빨리 냉각되기 때문에 바다의 공기가 상승해 저기압이 되고 육지는 고기압이 되어 육풍이 불게 되지요.

계절풍은 해륙풍과 같은 원리로 대륙과 해양 사이에 부는 큰 규모의 바람입니다. 여름에는 대륙이 저기압이 되고 해양이 고기압이 되어 해양에서 대륙으로 남동 계절풍이 붑니다. 반대로 겨울에는 대륙에서 해양으로 북서 계절풍이 불게 됩니다.

바람이 불면 어느 방향에서 어느 정도 세기로 부는지를 측정해 풍향과 풍속으로 나타냅니다. 위에서 남동 계절풍이란 남동쪽에서 불어오는 바람으로 이름을 보면 풍향을 알 수 있습니다. 많은 사람이 남동풍이 남동쪽으로 가는 바람인지, 남동쪽에서 불어오는 바람인지 헷갈려 합니다. 그럴 땐 바람의 이름이 자신의 고향을 알려 준다고 생각해 보세요. 남동풍은 남동쪽이 고향인 바람이라고 생각하면 헷갈리지 않을 겁니다.

저기압 중에는 전선을 동반한 온대저기압과 태풍이라 부르는 열대저기압이 있습니다. 우리나라 날씨에 영향을 미치는 저기압이니 알아 두면 좋습니다. 온대저기압은 우리나라가 있는 중위도 지역에서 북쪽의 찬 공기덩어리와 남쪽의 따뜻한 공기덩어리가 만나는 경계에서 발생합니다. 오른쪽에는 남쪽에서 따뜻한 공기덩어리가 올라와 온난전선이, 왼쪽에는 북쪽에서 찬 공기덩어리가 내려와 한랭전선이 만들어집니다. 온대저기압은 우리나라를 서쪽에서 동쪽으로 통과하므로 온난전선이 통과한 후 한랭전선이 통과합니다. 온대저기압이 통과할 동안 우리나라 날씨는 급변합니다. 맑던 날씨가 온난전선이 다가오면서 낮은 층운형 구름이 끼고 비가 보슬보슬 옵니다. 비가 그치면 날씨가 따뜻해졌다가 한랭전선이 통과하면서 두꺼운 적운형 구름이 끼고 강한 소나기성 비가 내립니다. 이 비가 그치면 하늘은 맑지만 추워집니다. 그러면 온대저기압은 완전히 우리나라를 빠져나가고 우리는 그 영향권에서 벗어납니다.

열대저기압은 열대지방에서 생긴 저기압입니다. ❺ 괌 근처 북태평양에서 만들어져 우리나라까지 올라와 영향을 주는 열대저기압을 **태풍**이라고 합니다. 태풍은 수많은 적란운이 모인 거대한 소용돌이입니다. 따뜻한 열대 바다의 열과 수증기를 공급받아 힘이 세진 소용돌이는 북쪽으로 올라와 열과 수증기 공급이 차단되면 소멸하는데, 그전까지는 엄청난 비바람을 동반해 큰 위력을 발휘합니다. 가끔 우리에게 피해를 주기는 하지만 사실 태풍은 열대지방의 남는 열에너지를 북쪽으로 전하는 자연스러운 과정입니다.

30초 복습 퀴즈

배운 내용을 찬찬히 떠올리며 아래 빈칸을 채워 보세요.

기상과 기후는 다르다. 매일의 기온, 비, 바람처럼 짧은 시간 동안의 대기 상태는 ❶(　　　　)이라 하고, 어떤 지역에서 30년 이상 반복되는 평균적인 기상 현상은 ❷(　　　　)라 한다. 기상과 기후를 알기 위한 기상 정보에는 ❸(　　　　), 습도, 구름, 비, 기압 등이 있다. 대기는 ❸(　　　　) 변화에 따라 4개 층으로 나뉜다. 기압은 공기의 압력으로 지표면은 1기압, 즉 ❹(　　　　)hPa이고 위로 갈수록 점점 작아진다. 우리나라를 통과하는 저기압에는 ❺(　　　　　　)과 열대저기압이 있다. ❺(　　　　　　)은 중위도 지역에서 북쪽의 찬 공기덩어리와 남쪽의 따뜻한 공기덩어리가 만나는 경계에 생긴다.

정답 ❶기상 ❷기후 ❸기온 ❹1,013 ❺온대저기압

2

기상예보는 왜 필요해요?

30초 예습 퀴즈

기상예보에 대해 얼마나 알고 있는지 OX 문제를 풀어 보세요.

❶ 태풍, 폭우, 대설, 황사 등의 기상재해 상황에서 기상특보가 발효된다. (O, X)

❷ 태풍의 눈에는 순간 최대 풍속이 17m/s 이상의 바람이 분다. (O, X)

❸ 뇌우는 천둥, 번개, 소나기를 일으키는 거대한 적란운으로 우박을 만들기도 한다. (O, X)

❹ 우리나라는 넓은 바다와 평지로 이루어져 기상예보의 정확도가 높다. (O, X)

❺ 기상예보가 정확해지려면 슈퍼컴퓨터의 성능 개선, 수치예보 모델의 정교화가 필요하다. (O, X)

정답 ❶ O ❷ X ❸ O ❹ X ❺ O

"오늘은 구름이 많이 끼고 저녁 늦게 비가 조금 내리겠습니다" 이런 기상예보를 듣고 낮에 우산 없이 외출했다가 비를 홀딱 맞았던 적이 있나요? 기상청의 기상예보가 정확하게 들어맞지 않는 경우가 종종 있다 보니, 어떤 사람은 기상청에서 운동회를 여는 날조차 비가 올지 모른다는 농담을 합니다. 미래의 날씨를 정확하게 맞히기란 아주 옛날부터 과학기술이 발달한 현재까지도 여전히 어려운 일입니다.

우리에게 큰 피해를 주어 기상특보가 발효되는 기상 현상에는 무엇이 있는지 알아보고, 기상청에서 기상예보를 하기까지 어떤 과정을 거치는지 알아보겠습니다.

악기상(惡氣象)을 알리는 기상특보

기상특보는 중대한 재해 발생이 예상될 때 주의를 환기하거나 경고하는 예보입니다. 재해가 예상될 때는 주의보가 내려지고 큰 피해가 예상될 때는 경보가 발효됩니다. ❶ 강풍, 풍랑, 호우, 대설, 건조, 해일, 한파, 태풍, 황사 등 악기상 상황이 발생하면 기상청은 기상특보를 발효합니다. 각 방송사는 기상특보 방송을 편성해 전국적인 상황을 알려 주며 대비를 할 수 있게 합니다. 그럼 기상특보가 발효되는 대표적인 악기상 몇 가지를 알아볼까요?

1. 태풍

태풍이 지나간 자리는 강한 바람과 폭우로 엄청난 피해가 발생합니다. 1981년부터 2010년까지 30년간 평균 25.6회의 태풍이 발생했고 그중 3.1개가 우리나라에 영향을 주었습니다. 점점 태풍 발생의 빈도와 그 영향력이 늘어나고 있습니다.

태풍은 열대저기압으로 대부분 위도 5~25도, 수온이 약 27

도 이상인 열대 바다에서 수증기가 공급되어 강한 상승기류가 지속하면 발생합니다. 태풍의 에너지 공급원은 수증기가 응결해 구름이 만들어질 때 방출하는 숨은열입니다. 이에 더 많은 양의 수증기가 응결해 키 큰 구름인 적란운이 발달하고 주변에서 많은 양의 공기가 모여들어 강풍이 부는 태풍이 됩니다.

태풍은 평균 지름이 약 500킬로미터나 됩니다. 위성 영상을 보면 우리나라 전체를 덮을 만큼 큰 소용돌이 구름과 태풍의 한가운데 구름이 없는 **태풍의 눈**이 보입니다. ❷ 태풍의 순간 최대 풍속은 17m/s 이상이지만, 태풍의 눈은 구름이 거의 없고 바람도 약한 맑은 구역으로 하강기류가 있습니다. 위성 영상에서 태풍의 눈이 뚜렷하게 보일수록 주위의 구름 벽이 두터운 것으로, 강한 비바람을 동반한 큰 규모의 태풍인 것을 알 수 있습니다.

우리나라에 접근하는 태풍은 편서풍의 영향을 받아 북동쪽으로 이동합니다. 우리나라를 지날 때 태풍의 오른쪽 반원은 회전하는 구름의 모습이 뚜렷하게 보이고 바람도 강하며 비도 많이 내리므로 **위험 반원**이라고 합니다. 그 반대쪽은 구름이 적게 보이고 바람이 비교적 약하므로 **안전 반원**이라고 합니다.

여기서 잠깐! 열대저기압은 모두 태풍이라 부를까요? 아닙니다. 태풍은 북태평양에서 발생한 열대저기압의 이름입니다.

열대성 저기압은 발생 해역에 따라 부르는 이름이 다릅니다. 북대서양 적도 부근과 멕시코만에서 생긴 것은 허리케인, 인도양과 남태평양에서 생긴 것은 사이클론이라고 부릅니다.

태풍의 이름은 어떻게 붙여질까요? 2000년부터 아시아태풍위원회에서는 태풍의 영향권에 있는 아시아 14개국에서 국가별로 10개씩 이름을 받아 사용하고 있습니다. 우리나라는 '개미', '나리', '장미', '미리내', '노루' 등을 제공했습니다. 북한 역시 10개의 이름을 제공했기 때문에 순우리말인 태풍 이름이 많습니다. 이름은 번갈아 가면서 사용하지만 예외적으로 큰 피해를 준 태풍 이름은 더는 사용하지 않고 이를 대체할 새로운 이름을 추가합니다. 2003년 우리나라에 큰 피해를 준 매미는 퇴출당해 더 이상 사용하지 않는 이름이 되었습니다.

태풍은 집중호우로 농작물에 큰 피해를 주고 홍수나 산사태로 도로나 시설물을 파괴합니다. 또한 강풍에 따른 낙하물 사고, 높은 파도에 따른 선박 피해, 해일 피해를 주기도 합니다. 태풍 기상특보는 피해를 줄이기 위한 첫걸음이기 때문에 아주 중요합니다. 태풍이 발생하면 기상청에서는 시시각각 변하는 태풍의 경로를 추적하고 관련 정보를 국민에게 알려 주고 대비할 수 있게 합니다. 선박은 항구로 피항해 거센 파도에도 부서지지 않도록 결박하고 태풍이 지나갈 때까지 바다로 나가지 않도록

해 인명 피해를 줄입니다. 댐이나 저수지의 물이 넘치지 않도록 미리 적정하게 저수 용량을 맞추고 배수로는 물이 잘 빠지도록 점검합니다. 또한 강풍에 각종 시설물이 날아가거나 부서지지 않게 잘 결박합니다. 이러한 대비를 잘하면 태풍 피해를 줄일 수 있습니다.

2. 장마

우리나라에서 보통 6월 중순부터 7월 중순까지 비가 자주 내리는 현상을 **장마**라고 합니다. 장마는 북쪽의 찬 공기덩어리와 남쪽의 따뜻한 공기덩어리가 만나 동서로 길게 비구름이 형성되는 정체전선(장마전선)이 만들어져 오랜 기간 내리는 비입니다. 위성 영상으로 보면 동서로 길게 형성되는 비구름 띠가 보이고 이 띠가 남북으로 오르내리면서 많은 양의 비를 곳곳에 뿌립니다. 장마는 북태평양 공기덩어리가 점차 우리나라까지 확장해 장마전선이 북쪽으로 밀려나 무더운 여름 날씨가 되면 끝납니다. 반대로 여름이 끝나갈 무렵 북쪽의 찬 공기덩어리의 세력이 강해지고 북태평양 공기덩어리의 세력이 약해지면 장마전선이 우리나라까지 남하하면서 많은 비를 내리는 경우도 생깁니다. 일단 장마전선이 형성되면 소멸할 때까지 내릴 많은 비에 대비해야 합니다.

3. 집중호우와 뇌우

여름철 장마가 끝나도 갑자기 비가 많이 내리는 **집중호우**가 발생합니다. 짧은 시간 동안 좁은 지역에 많은 양의 비가 내리는 집중호우는 지속 시간이 수십 분에서 수 시간이며 10~20킬로미터 정도의 좁은 지역에 집중적으로 내리기 때문에 국지성 호우라고도 합니다. 집중호우는 주로 여름철에 기온이 높아 대기가 불안정하고 강한 상승기류로 적란운이 발생할 때 내립니다. 갑자기 생겨났다가 1~2시간 후 소멸하고 생성되는 과정이 반복되면서 며칠 동안 비가 계속 내릴 때도 있습니다.

❸ **뇌우**는 천둥, 번개, 소나기를 동반한 거대한 적란운을 말합니다. 뇌우는 집중호우처럼 기온이 높아 강한 상승기류가 발생할 때나 찬 공기가 따뜻한 공기로 접근하는 한랭전선이 통과할 때, 태풍이 통과할 때 발생합니다.

적란운에서 강한 상승기류와 하강기류가 같이 만들어질 때 구름의 위쪽은 양(+)전하, 아래쪽은 음(-)전하를 띠게 됩니다. 구름 하단에 모여 있던 음전하들이 지표로 이동하면 순간 거대한 정전기유도 현상인 뇌우가 발생합니다. 번쩍하고 번개가 치고 '우르릉 쾅' 하는 천둥소리가 들리며 강한 소나기가 내립니다. 뇌우가 칠 때 야외에 있다면 안전한 곳으로 얼른 피해야 합니다. 차나 비행기 안에 있다면 안전합니다. 내부까지 전하가

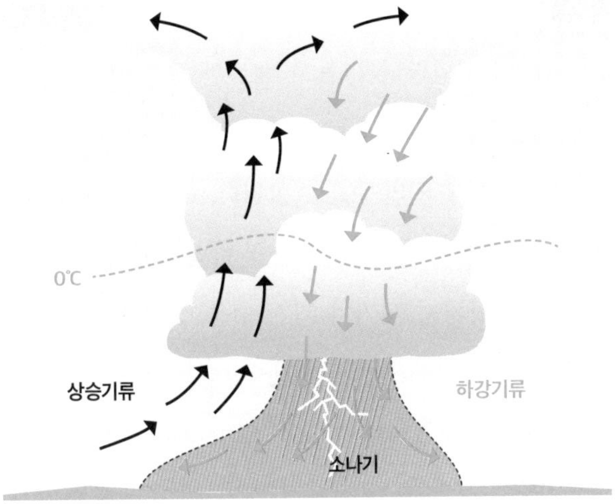

뇌우가 생기는 조건

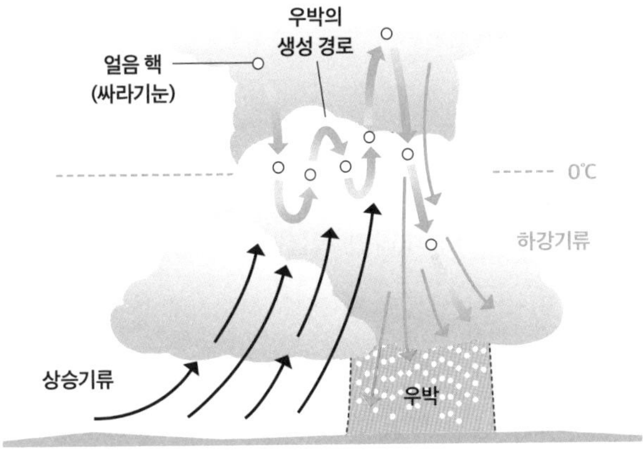

우박이 만들어지는 과정

흐르지 않기 때문입니다. 반면 나무 밑에 있거나 뾰족한 우산을 쓰고 있다면 위험합니다. 높고 뾰족한 곳은 피뢰침처럼 전하를 불러들이는 역할을 하기 때문입니다.

❸ 뇌우는 우박을 만들기도 합니다. 우박은 강한 상승기류 속에서 얼음덩어리가 상승과 하강을 반복하면서 구름 속의 과냉각 물방울과 합쳐져 크기가 커진 얼음이 지표로 떨어지는 것입니다. 우박이 내리면 농작물에 구멍이 나거나 시설물이 파괴되어 큰 피해가 발생합니다. 때로는 인명 피해가 나기도 합니다.

특히 집중호우, 뇌우, 우박은 갑자기 생기는 경우가 많아 예보가 어렵습니다. 예보가 느리면 피해가 급증하므로 기상청에서는 기상레이더나 실시간 기상위성 관측 자료를 이용해 더 정확하게 예측하기 위해 노력하고 있습니다.

4. 폭설과 한파

겨울철에 시간당 1~3센티미터 이상 또는 24시간 이내 5~20센티미터 이상의 눈이 내리면 **폭설**이라고 합니다. 북쪽의 찬 공기덩어리가 따뜻한 서해나 동해를 건너오면서 수증기와 열을 공급받아 두꺼운 눈구름이 되면 폭설이 내립니다.

위성 영상과 기상레이더로 구름의 발달 상황을 미리 알 수 있습니다. 폭설이 내릴 때 위성 영상을 보면 찬 공기가 바다를 건너며 만드는 구름의 모습이 선명합니다. 폭설이 내리면 도심에서는 도로 위 교통이 마비되고 농가에서는 지붕에 쌓인 눈으로 비닐하우스나 건물 등이 무너지기도 합니다. 대설 특보가 발효되면 도로에 염화칼슘 같은 제설제를 미리 뿌리고 대중교통을 이용할 것을 당부하는 등 교통안전 대책을 마련해야 합니다. 눈이 많이 오는 지역에서는 시설물의 안전을 고려한 지붕을 설계하거나 튼튼한 재질로 건물을 만들어야 피해를 줄일 수 있습니다.

겨울철 한파는 주의해야 할 기상 현상입니다. 우리나라에 영향을 주는 시베리아고기압이 남쪽까지 확장되어 기온이 급격히 하강하면 **한파**가 발생합니다. 한파 때 장시간 외부 활동을 하면 저체온증이 생기거나 동상에 걸릴 수 있습니다. 수도 계량기나 보일러 배관 등이 얼어 파손되는 피해가 발생하기도 합니다.

그러나 한파와 폭설이 피해만 주는 것은 아닙니다. 겨울철 한파는 병충해 예방 효과가 있고, 폭설은 겨울 가뭄 해소에 도움을 주어 봄철에 농작물이 잘 자랄 수 있게 합니다.

4. 황사와 미세먼지

황사는 중국 내륙의 건조한 사막지대의 미세한 토양 입자가 바람을 타고 우리나라까지 날아오는 현상입니다. 황사는 봄철에 많이 발생합니다. 황사의 발원지인 중국과 몽골의 사막 지역에 겨우내 얼어 있던 토양이 녹으면서 잘게 부서지기 때문입니다. 이 입자는 강한 바람을 타고 쉽게 상공으로 올라가 먼 곳까지 운반됩니다.

황사가 발생하면 폐와 호흡기, 안과 질환 환자가 많이 발생하므로 어린이와 노약자는 외출을 삼가야 합니다. 황사의 먼지 입자는 정밀기계나 전자 장비에 들어가 오작동을 일으키기도 해 항공, 운수, 반도체 등의 산업에 피해를 줍니다. 또한 농작물이 자라는 데 필수인 햇빛을 차단해 잘 자라지 못하게 합니다. 황사가 우리나라에 다가오는 모습은 위성 영상으로 알 수가 있어 기상예보를 통해 피해를 줄일 수 있습니다.

요즘에는 황사뿐만 아니라 미세먼지와 초미세먼지에 따른 피해도 많이 발생합니다. 작아서 공기 중에 떠 있지만 보이지 않는 입자를 미세먼지, 초미세먼지라고 합니다. **미세먼지**는 입자의 지름이 10마이크로미터 이하인 경우이며 이보다 더 작은 2.5마이크로미터 이하는 **초미세먼지**라고 합니다. 미세먼지와 초미세먼지는 중국에서 날아오는 것도 있지만 우리나라에서 발생하는 것도 있습니다. 미세먼지가 대기 중에 정체된 경우도 황사와 같이 예보를 통해 대비할 수 있습니다. 황사나 미세먼지에 관한 예보가 있는 날에는 바깥 활동을 줄이고 외출 시에는 미세먼지를 걸러 내는 마스크를 착용해야 합니다. 실내에서는 외부 공기의 유입을 막고 실내 공기를 걸러 주기 위한 필터를 사용하거나 먼지를 제거하는 청소를 해야 합니다.

피해를 줄이기 위한 노력, 기상예보

날씨를 미리 알면 그에 따른 피해를 줄일 수 있으므로 사람들은 날씨를 미리 알기 위한 노력을 오래전부터 해 왔습니다. '서쪽 하늘에 햇무리가 생기면 비가 내린다', '소리가 잘 들리면 곧 비가 내린다' 등 날씨와 관련된 속담이 많은 것만 봐도 알 수 있습니다. 우리 선조들에게 가뭄과 홍수를 미리 대비하는 것은 생존과 관련된 일이었습니다. 많은 노력 끝에 가뭄과 홍수에 대비해 수로와 저수지를 만들고 측우기를 만들어 비의 양을 재는 등 여러 성과를 이루었습니다. 1441년 장영실이 발명한 측우기는 비의 양을 재는 도구로 서양보다 무려 200년이나 앞선 발명이었습니다.

현재의 기상관측 기술과 기상예보는 어디까지 발전했을까요? 이제 기상청에서 기상예보를 어떻게 하는지 그 과정을 알아봅시다.

1. 기상예보의 과정

기상관측 자료 및 기상정보 수집 ▶ 슈퍼컴퓨터 분석 ▶ 예보 협의 ▶ 예보 및 통보

기상예보의 첫걸음은 기상관측입니다. 하늘, 땅, 바다, 지구 밖 등 다양한 곳에서 기상관측을 하고 있습니다. 땅에서는 기온, 기압, 바람의 풍향과 풍속, 습도, 구름의 형태와 양, 황사나 안개 등을 관측합니다. 기상청의 기상관측소와 무인 자동 기상 관측 장비가 설치된 곳에서 관측한 기상정보를 기상청에서 분석합니다.

하늘에서도 관측이 이루어집니다. 고층 공기의 움직임을 관측하기 위해 보통 하루 두 번씩 라디오존데를 띄웁니다. 라디오존데는 대기 상층의 기상을 관측해 그 값을 지상에 송신하는 측정 장치입니다. 큰 고무풍선에 라디오존데를 달아 하늘로 띄우면 지상에서 약 35킬로미터 높이의 상공까지 올라가면서 기온, 기압, 습도 등을 측정해 라디오 송신기로 관측소까지 보내주지요. 사람이 위험을 무릅쓰고 높은 상공으로 올라가지 않아도 되고 비싸지도 않은 저비용 고효율 방식입니다. 라이오존데보다 더 다양한 정보를 얻기 위해서는 기상 항공기를 띄웁니다.

바다에서도 관측이 이루어집니다. 해양 기상관측 부이(부

표)나 파고 부이를 바다에 띄워 바다의 기온, 습도, 기압뿐만 아니라 파도의 높이, 주기, 방향과 해수면의 온도를 관측합니다. 해양관측 기지에 설치된 관측 장비와 해양 기상관측선에서도 관측이 이루어지고 있습니다.

요즘 가장 주목받는 기상관측 도구는 기상위성과 기상레이더입니다. 기상위성은 지구 대기권 밖에서 지구 표면과 대기의 가시 영상, 적외 영상 등을 촬영해 지구의 여러 기상 상태를 관측하는 시스템입니다.

우리나라는 2010년 6월에 우리나라 최초의 통신해양기상위성 COMS(Communicatuon, Ocean and Meterologocal Satellite)인 천리안 위성 1호를 발사했습니다. 이전에는 다른 국가의 위성에서 관측된 자료를 받아 분석했지만, 이제는 15분마다 우리나라 부근을 찍은 사진을 전송받아 날씨를 정밀하게 분석할 수 있게 되었습니다. 천리안 위성은 배터리 등 여러 문제로 지금은 수명이 다했습니다. 2018년 12월 5일에는 천리안 2A호를 발사해, 2019년 7월 25일부터 정식 서비스를 하고 있습니다. 전 지구를 10분마다 관측하고 우리나라 주변 동아시아 지역은 2분마다 관측하고 있습니다.

기상위성의 관측은 파장대별로 이루어집니다. 가시광선 채널로는 낮 동안의 구름 영상, 황사·산불·안개 관측을 할 수 있고, 수증기 채널은 중상층의 대기 수증기량과 상층대기 운동을 파악할 수 있고 적외 채널에서는 구름, 해수면 온도, 황사 측정이 가능합니다.

가시광선 영상에 중국 쪽에서 몰려오는 황사의 먼지떼가 보이면 황사 주의보나 경보를 내리고 겨울철 서해안에 적란운의 구름이 보이면 폭설이나 한파를 예보합니다. 야간에는 가시영상을 촬영할 수 없어 적외 영상으로 구름의 온도를 측정하거나 안개, 산불 감지를 합니다.

기상레이더는 전파를 발사한 후 공기 속의 물방울에 부딪혀 되돌아오는 반사파를 분석해 비구름의 이동이나 세기를 분석합니다. 기상위성과 기상레이더가 촬영한 사진을 분석하면 사람의 발이 닿기 힘든 곳의 정보를 얻을 수가 있어 기상 분석의 정확도를 높이는 데 큰 역할을 합니다.

기상관측 자료는 모두 기상청의 중앙 서버로 합쳐져 전 세계로 자료를 서로 주고받습니다. 전 세계 기상통신망 GTS (Global Telecommunication System)은 전 세계 180여 개 국가에서 수집된 기상정보를 수집해 배포하는 통신 및 데이터 관리 시스템으로 모든 나라가 자료를 공유합니다. 우리나라도 북한으로부터 기상관측 자료를 3시간마다 받아 기상예보에 활용합니다.

국내외에서 수집한 관측 자료는 오차 보정을 한 후 수치예보 모델에 넣어 속도가 빠른 슈퍼컴퓨터로 분석해 예상 일기도를 생산합니다. **수치예보 모델**은 지구 대기를 가느다란 격자로 구획 짓고 각각의 격자 위치에 해당하는 온도와 습도 등의 기상값이 어떻게 변할지 물리법칙에 근거해 만든 가상의 예보 프로그램입니다. 계산하는 과정이 복잡하고 계산해야 할 값도 많아 속도가 빠른 슈퍼컴퓨터가 필요합니다. 현재 우리나라에서 사용하는 슈퍼컴퓨터 4호기는 1초에 6,200조 번 계산할 수 있습니다. 이렇게 빠르게 계산할 수 있는 슈퍼컴퓨터가 없었다면 기상자료를 분석하는 데 오랜 시간이 걸려서 제때 예상 일기도를 만들어 낼 수 없었을 것입니다. 기상예보가 빠르고 정확해지는 데 꼭 필요한 것이 슈퍼컴퓨터입니다. 더 정확한 예보를 위해 기상청은 1초에 5경 번 계산이 가능한 슈퍼컴퓨터를 2021년까지 도입할 예정입니다.

다음 단계는 슈퍼컴퓨터로 만들어진 예상 일기도를 가지고 분석하는 예보관 회의입니다. 예보관은 기상 전문가로 날씨를 예측하고 예보를 만듭니다. 예상 일기도와 이전 날씨, 그리고 예보관의 경험을 나누는 협의를 통해 기상예보가 완성됩니다. 전체 예보관 회의는 영상 회의 시스템을 이용해 하루 세 번 정기적으로 하지만 태풍이나 황사 등 악기상이 있을 때는 수시로 열기도 합니다.

예보관 회의를 통해 결정된 예보문은 다양한 방법으로 우리에게 전해집니다. 기상청의 동네 예보는 세 시간마다 발표되며 기상청에서 발표하는 각종 기상 정보는 언론기관이나 인터넷, 전화 등 다양한 매체를 통해 국민에게 전달됩니다. 기상예보는 일상생활뿐만 아니라 산업, 교통, 국방에도 활발하게 활용되고 있습니다.

2. 정확한 기상예보

기상예보관이 기상예보를 99.9퍼센트 정확하게 맞히기는 어렵습니다. ❹ 특히 우리나라는 삼면이 바다고 산지가 많은 지형적 특성으로 기상예보가 더욱 어렵습니다. 만약 넓은 평지가 광활하게 펼쳐지는 내륙이었거나 서쪽에 사막이 있었다면 기상예보가 정확하게 들어맞았을 것입니다. '오늘도 맑고 건조하겠습니다'라는 비슷한 내용의 기상예보가 재방송처럼 반복될 것입니다. 왜냐하면 서쪽에서 오는 공기가 건조해 구름이 발달하지 않기 때문이죠.

그러나 우리나라 서쪽에는 서해가 있습니다. 서해를 건너오는 공기가 수증기를 공급받아 구름을 만들면 우리나라 서쪽에 비를 뿌리기도 합니다. 동쪽의 태백산맥을 지날 때는 높이 올라가면서 구름을 만들어 태백산맥 서쪽 지역에 비를 뿌리고 동쪽 지역에 고온 건조한 날씨를 만들기도 합니다. 바다와 산지가 많으면 기상관측소를 세워 기상 정보를 얻기도 어렵습니다. 곳곳에 기상관측소가 많아야 더 많은 기상 자료가 수집되고 기상예보의 정확도를 높일 수 있는데 우리나라의 지형 특성은 이를 어렵게 하지요.

또한 우리나라는 사계절이 뚜렷한 중위도에 자리 잡고 있고 서쪽에는 유라시아 대륙, 동쪽에는 넓은 태평양이 있는 대륙과 해양의 경계에 있습니다. 이런 곳에서는 대륙과 해양의 서로 다른 성질을 가진 공기덩어리가 세력 다툼을 자주 벌이죠. 두 공기덩어리가 만나는 경계는 불안정해 날씨 변화가 빠르게 일어납니다.

이번에는 모든 나라에 해당하는 이야기를 해 보겠습니다. 수치예보 모델은 한계가 있습니다. 슈퍼컴퓨터가 아무리 정확하게 계산해도 수치예보 모델은 원래 이상적인 대기를 가정해 단순화시켜 만든 것이기 때문에 아주 작은 지역의 작은 기상 변화는 맞추기 어렵습니다.

한 달 이상 장기간의 기상예보도 어렵습니다. 슈퍼컴퓨터의 계산이 거듭될수록 처음의 1/1000 정도의 작은 차이가 쌓여 기상학자 로렌츠가 이야기한 나비효과가 나타나게 됩니다. 나비의 작은 날갯짓이 엄청난 폭풍을 일으키게 되는 것처럼 엉뚱한 결곳값이 나타나게 되는 거죠.

최근에는 기상관측 지점도 많아지고 관측기기의 발달로 기상 관측값도 정확해지고 있습니다. ❺ 또한 슈퍼컴퓨터의 성능이 개선되고 수치예보 모델도 정교해져 기상예보의 정확도가 점차 향상되고 있습니다. 수치예보 모델의 한계를 극복하기 위한 대안으로 인공지능 AI를 활용한 날씨 예보도 생각해 볼 수 있습니다. AI는 오랫동안 축적된 기압배치와 날씨 현황의 빅데이터를 이용해 오늘과 유사한 기압배치를 찾아내고 분석해 인간보다 더 정확한 기상예보를 할 수 있을 것입니다.

30초 복습 퀴즈

배운 내용을 찬찬히 떠올리며 아래 빈칸을 채워 보세요.

강풍, 풍랑, 호우, 대설, 건조, 해일, 한파, 태풍, 황사 등의 악기상 상황에는 ❶(　　　　　　)가 발효된다. 태풍은 순간 최대 풍속이 17m/s 이상인 바람이 불지만, 태풍의 ❷(　　　)은 구름이 거의 없고 바람도 약한 맑은 구역이다. 집중호우와 뇌우는 ❸(　　　　　)이라는 구름에서 발생한다. 기상관측 중 ❹(　　　　　　)은 가시 영상과 적외 영상 등을 촬영해 기상 상태를 관측하는 시스템이다. 기상예보가 정확해지려면 기상관측 지점이 많아지고 기상 관측값이 정확해져야 하며 슈퍼컴퓨터의 성능 개선, ❺(　　　　　　　　)의 정교화가 필요하다.

정답 ❶ 기상특보 ❷ 눈 ❸ 적란운 ❹ 기상위성 ❺ 수치예보 모델

3

지구의 기후 시스템은 어떻게 작동하나요?

30초 예습 퀴즈

지구의 기후에 대해 얼마나 알고 있는지 OX 문제를 풀어 보세요.

❶ 지구가 흡수하는 태양복사 에너지와 방출하는 지구복사 에너지의 양은 같다. (O , X)

❷ 지구복사 에너지는 전자기파인 자외선으로 방출된다. (O , X)

❸ 대기 중 온실가스의 증가로 지표에 들어오는 에너지의 양이 많아지는 현상을 온실효과라 한다. (O , X)

❹ 지구는 고위도에서 저위도로 남는 에너지가 운반되어 기온이 일정하게 유지된다. (O , X)

❺ 우리나라는 동쪽에서 서쪽으로 공기가 이동하는 편서풍대에 위치한다. (O , X)

정답 ❶ O ❷ X ❸ O ❹ X ❺ X

태양계에서 생명체가 사는 행성은 지구뿐입니다. 지구와 가까운 달, 화성, 금성에 생명체가 사는지 알고 싶어 지금까지 숱하게 탐사선을 보냈지만 생명체를 발견하지는 못했습니다. 화성에는 왜 생명체가 살지 못할까요? 과학자들은 물과 공기가 없고, 너무 춥거나 더워서라고 이야기합니다. 물과 공기가 없는 이유는 물과 공기가 우주로 탈출할 수 없도록 잡아 두는 중력이 약하기 때문입니다. 또 다른 행성인 금성도 마찬가지로 생명체가 없습니다. 물도 없을뿐더러 생명체가 살기엔 기온도 적당하지 않기 때문입니다. 다른 행성은 왜 이렇게 극단적으로 춥거나 더울까요? 생명체가 살기 위한 필수조건인 적당한 기온을 지구는 어떻게 갖출 수 있었는지 알아보겠습니다.

지구의 온도를 결정하는 복사평형

지구는 연평균 기온이 약 15도로 일정합니다. 기온이 일정하다는 것은 들어온 열만큼 다시 나가기 때문에 결국에는 남은 열이 없다는 걸 의미합니다. 이 과정은 실험으로 확인할 수 있습니다. 검게 칠한 알루미늄 컵을 전열기와 일정한 거리에 두고 온도를 측정해 보면 처음에는 온도가 올라가다가 시간이 지나면 일정해집니다. 처음에는 알루미늄 컵이 흡수하는 복사에너지(전자기파를 통해 고온에서 저온의 물체로 직접 전달되는 에너지)의 양이 방출하는 복사에너지양보다 많지만, 시간이 지나면 알루미늄 컵이 흡수하는 복사에너지양과 방출하는 복사에너지양이 같아지기 때문입니다. 이처럼 어떤 물체가 흡수하는 복사에너지양과 방출하는 복사에너지양이 같은 상태를 **복사평형**이라고 합니다. 지구의 경우, ❶ 지구로 들어오는 태양복사 에너지와 방출하는 지구복사 에너지의 양이 같아서 복사평형을 이루고 평균 기온이 일정하게 유지됩니다.

여기서 잠깐 태양복사 에너지와 지구복사 에너지에 대해 더 이야기해 볼까요?

태양은 내부의 핵융합 반응으로 표면 온도가 섭씨 약 6,000도에 달할 만큼 매우 뜨거운 상태입니다. 태양에너지는 거의 진공상태인 우주 공간을 지나 지구까지 전해져 지구를 따뜻하게 합니다. 태양에너지는 다른 물질의 도움 없이 전달되는 전자기파인 복사에너지로 지구에 옵니다. 그래서 **태양복사 에너지**라고 합니다.

전자기파는 자기장과 전기장이 진동하면서 진공이나 물질을 그대로 통과합니다. 전자파는 진공 속을 광속(약 30만 km/s)에 해당하는 속도로 빠르게 통과합니다. 전자기파가 1회 진동할 때 진행하는 거리를 파장이라고 하며 전자기파는 파장에 따라 구별합니다. 태양에서 오는 전자기파인 태양복사 에너지는 파장에 따라 가시광선, 자외선, 적외선으로 구분하고 이 중 우리 눈에 보이는 영역을 **가시광선**이라고 합니다. 일반적으로 빛이라고 말하는 것은 가시광선을 의미합니다. 가시광선을 프리즘에 통과시키면 빨주노초파남보의 무지개 색이 보입니다. 태양 빛은 다양한 파장의 가시광선이 모여 있어 그 파장에 따라 프리즘을 통과하는 각도가 조금씩 다르기 때문에 다양한 색의 빛을 볼 수 있습니다. 비가 그친 하늘에서 무지개가 펼쳐지는 이유입니다. 무지개는 비가 그친 하늘에 있는 작은 물방울이 프리즘과 같은 역할을 해 물방울을 통과한 빛이 파장에 따라 나눠져 생깁니다.

태양복사 에너지는 가시광선과 다른 파장 영역도 있습니다. 가시광선보다 조금 짧은 파장에는 **자외선**이 있는데, 피부를 검게 만드는 빛입니다. 특히 파장이 짧은 자외선은 유전자를 파괴해 생물에 유해합니다. 지구 대기에는 이런 해로운 자외선을 흡수해 차단해 주는 오존층이 있어 우리가 물속이 아닌 땅에서 생활할 수가 있습니다. 아주 오래전 지구가 만들어진 초기에는 오존층이 없어서 생명체는 주로 물속에서만 살 수 있었습니다. 그래서 대기에 오존층이 만들어진 고생대 중기 이후가 되어서야 동물이 땅 위로 나올 수 있었습니다.

가시광선보다 파장이 조금 긴 영역은 **적외선**이라 부릅니다. 텔레비전 리모컨이나 CCTV 촬영, 기상위성 적외선 촬영 등에 사용합니다. 적외선은 난방 용품의 열전달 성능을 설명할 때 쓰이는 탓에 열로 알고 있는 경우도 많은데 적외선만 열인 것은 아닙니다. 적외선은 열과 관련된 전자기파의 한 종류일 뿐입니다. 태양에서 오는 열에너지는 가시광선, 자외선, 적외선을 모두 포함하는 태양복사 에너지입니다.

❷ 지구 대기나 땅도 낮 동안 태양복사 에너지를 받으면 온

도가 올라가 그 온도에 맞는 전자기파인 적외선을 방출합니다. 이를 **지구복사 에너지**라고 합니다. 지구복사 에너지는 태양이 내뿜는 태양복사 에너지와는 비교도 할 수 없을 만큼 적지만, 지구의 에너지 평형을 맞추는 데 중요한 역할을 하고 있습니다.

다시 지구의 복사평형 이야기로 돌아오겠습니다. 만약 지구에 대기가 없다면 낮 동안 흡수한 태양복사 에너지는 모두 지구복사 에너지로 방출되어 달처럼 낮과 밤의 기온 차이가 극심해지고 지구의 평균기온은 현재보다 낮아질 것입니다.

다행히 지구는 대기로 둘러싸여 더 높은 온도에서 좀 더 복잡한 과정으로 복사평형을 이루고 있습니다. 그림처럼 지구로 들어오는 태양복사 에너지를 100퍼센트라고 하면, 약 30퍼센트는 대기와 지표에서 반사되어 우주로 나가고 20퍼센트는 대기, 50퍼센트는 지표에 흡수됩니다.

데워진 지표는 지구복사 에너지를 방출합니다. 지표에서 방출된 지구복사 에너지 중 극히 일부만 우주로 바로 방출되고 대부분 대기에 흡수됩니다. 대기에 흡수된 에너지는 다시 대기를 데우고 우주와 지표로 방출됩니다. 대기에서 우주로 방출되는 에너지와 지표에서 우주로 방출되는 에너지를 모두 합하면 70퍼센트로, 지구가 흡수한 70퍼센트의 태양복사 에너지와 같은 양이 되어 복사평형이 됩니다. 그렇게 지구의 평균기온은 일정하게 유지되지요.

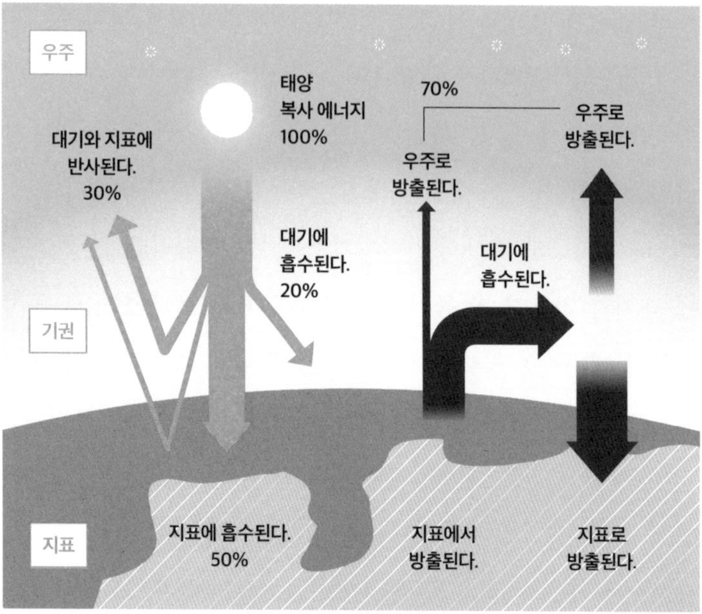

지구의 복사평형

그런데 ❸ 대기 중 온실가스가 증가하면 태양복사 에너지가 빠져나가지 못하고 대기에 더 많이 흡수됩니다. 이렇게 지표에 들어오는 에너지가 많아지게 되면 지구의 평균기온은 온실가스가 없을 때보다 높아집니다. 이러한 현상을 **온실효과**라고 합니다. 대기를 이루는 기체 중에서 지구복사 에너지를 많이 흡수할 수 있는 기체를 **온실가스**라고 합니다. 수증기, 이산화탄소, 메테인 등이 대표적인 온실가스입니다. 대기 중에 온실가스의 양이 많아지면 대기가 흡수하는 에너지양도 많아지고 지표로 방출하는 양도 많아져 지구의 평균기온은 더 높아지게 됩니다. 이런 현상을 **지구온난화**라 합니다.

지구와 달리 금성은 대기의 96.5퍼센트가 이산화탄소로 되어 있습니다. 이산화탄소 대기는 강력한 온실효과를 만들어 표면 온도를 최대 477도까지 오르게 합니다. 온도가 높아서 금성으로 보낸 대부분의 탐사선은 지상에 도착하기도 전에 고장나거나 연락이 두절되었기 때문에 생명체의 흔적은 찾기 힘들었습니다.

화성은 지구보다 크기가 작고 태양에서 더 멀리 떨어져 있습니다. 그래서 대기압도 지구의 0.6퍼센트 정도로 아주 낮아 대기가 희박합니다. 대기의 96퍼센트가 이산화탄소로 되어 있으나 대기가 희박해 온실효과는 미미합니다. 대기가 없는 달처럼 밤과 낮의 기온 차이가 큽니다. 표면의 평균온도는 약 마이너스 63도이고, 최고 20도, 최저 마이너스 140도입니다. 생명체가 살기에 극한 환경이지요. 예전에 물이 흘렀던 흔적은 있으나 아직 생명체는 발견하지 못했습니다. 한 과학자가 지구에서 약 80년을 살 수 있는 인간이 맨몸으로 금성과 화성에 가면 얼마나 생존 가능할지 예상해 보았습니다. 금성은 1초 내외, 화성에서는 약 2분 정도 생존할 수 있다고 합니다. 두 행성이 생명체가 살기에 얼마나 극한 환경인지 느껴지나요?

평균기온을 지켜 주는 대기대순환

지구 전체로 보았을 때 복사평형을 이루어 평균기온이 일정하게 유지되지만, 위도에 따라서는 지구가 흡수하는 태양복사 에너지양과 지구가 방출하는 지구복사 에너지양은 다릅니다. 적도 근처의 저위도 지역에서는 태양의 고도가 높아 단위면적당 흡수하는 태양복사 에너지양이 많습니다. 흡수하는 태양복사 에너지양이 방출하는 지구복사 에너지양보다 더 많아서 에너지가 남아돕니다. 반면 고위도 지역에서는 흡수하는 태양복사 에너지양이 방출하는 지구복사 에너지보다 적어 에너지가 부족합니다. 에너지가 남으면 기온은 매년 올라가고 에너지가 부족하면 기온은 매년 내려가야 할 것입니다. 그러나 실제로는 그렇지 않고 ④ 저위도나 고위도의 평균기온이 일정합니다. 왜냐하면 저위도의 남는 에너지가 고위도 지역으로 잘 운반되기 때문이지요. 어떻게 운반하는 걸까요? 바로 공기와 물을 통해서입니다. 전 지구적인 규모로 대기와 해수가 이동하며 열에너지를 운반하고 있습니다. 이를 대기대순환, 해수의 순환이라고 합니다.

전 지구적인 규모의 **대기대순환**은 지구 자전의 영향을 받아 3개의 순환으로 나눠지고 북반구와 남반구에서 대칭적인 모습을 나타냅니다. 적도 지방은 태양복사 에너지 때문에 가열된 공기가 상승하고 위도 30도 부근에서는 하강합니다. 지표를 따라 고위도로 올라간 따뜻한 공기는 위도 60도 부근에서 다시 상승해서 극지방까지 이동한 후 하강하지요. 이렇게 해들리 순환, 페럴 순환, 극순환이 만들어지고 지표에는 북동무역풍, 편서풍, 극동풍이 불게 됩니다.

공기가 상승하는 적도 근처에는 비구름이 만들어져 비가 많이 오는 열대기후가 됩니다. 반대로 공기가 하강하는 30도 부근에는 고기압대가 형성되어 구름 없는 맑은 날씨가 됩니다. 비가 적게 오고 강한 햇빛이 쏟아지는 건조한 기후대가 이 위도에 몰려 있습니다. 끝없이 모래가 펼쳐지는 사하라사막도 이 위도에 있습니다.

⑤ 우리나라는 편서풍이 부는 지역에 있습니다. 항상 서쪽에서 동쪽으로 바람이 불지요. 일기예보에서 중국이나 서해 쪽의 기상정보를 보고 앞으로 우리나라 날씨를 예상할 수 있는 것은 우리나라가 편서풍 지대에 있기 때문입니다. 만약 우리나

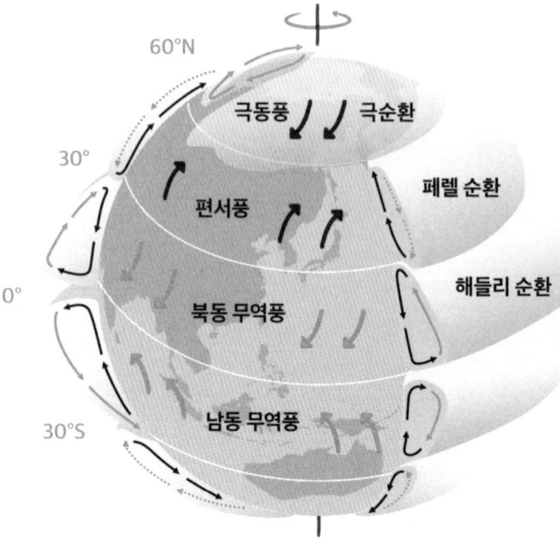
60°N
30°
0°
30°S
극동풍
극순환
편서풍
페렐 순환
해들리 순환
북동 무역풍
남동 무역풍

대기대순환

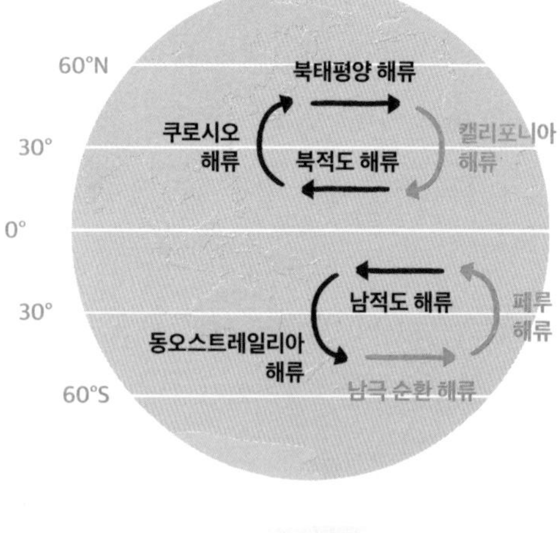
60°N
30°
0°
30°
60°S
북태평양 해류
쿠로시오
해류
북적도 해류
캘리포니아
해류
남적도 해류
페루
해류
동오스트레일리아
해류
남극 순환 해류

표층 해류

라의 위도가 좀 더 적도 쪽과 가까워서 30도 이하 지역에 있었다면 우리나라 날씨는 동쪽의 동해나 일본 쪽 기상정보를 봐야 했을 겁니다. 서쪽의 황사도 우리나라에 오지 않았을 겁니다. 중국이나 몽골 내륙 사막지대에서 만들어진 먼지구름이 우리나라가 있는 동쪽이 아닌 서쪽으로 이동했을 테니까요. 하지만 우리나라가 편서풍 지대에 있는 한 앞으로도 황사는 계속될 것입니다.

바람이 일으키는 해수의 순환

지속적인 바람이 불면 표층의 물은 바람을 따라 이동하게 됩니다. 대기대순환은 해양 표층의 해수를 이동시켜 **표층 순환**을 만듭니다. 위도 0~30도 해역에서는 무역풍의 영향으로 서쪽으로 해류가 흐르고, 위도 30~60도에서는 편서풍의 영향으로 동쪽으로 해류가 흐릅니다. 해류는 대륙에 막혀 대륙 주변을 따라 북쪽 또는 남쪽으로 이동하면서 커다란 동그라미를 그리며 순환합니다. 순환하는 방향은 북반구와 남반구가 대칭으로 북반구에는 시계 방향의 북태평양 환류, 북대서양 환류가 있고, 남반구에는 시계 반대 방향의 남태평양 환류, 남대서양 환류, 인도양 환류가 있습니다.

해류는 이동하는 동안 주변 지역의 기후에 많은 영향을 줍니다. 따뜻한 난류는 열에너지를 방출해 주변의 기후를 온화하게 변화시킵니다. 차가운 한류는 열에너지를 흡수해 주변의 기후를 한랭하게 변화시킵니다. 북대서양 서쪽을 지나는 멕시코만류는 난류로 따뜻한 열에너지를 유럽의 영국, 아이슬란드 등의 고위도 해안 지역으로 운반합니다. 북극과 더 가까운 영국이 겨울에 서울보다 더 온화한 날씨를 보이는 이유도 따뜻한 멕시코만류의 영향입니다.

해양에는 표층 해류뿐만 아니라 수심이 깊은 곳을 흐르는 **심층 순환**이 있습니다. 극지방의 표층에서 수온이 낮아지거나 해수가 얼어서 더 짜지면 밀도가 높은 무거운 해수가 되고 아래로 가라앉게 됩니다. 아주 깊은 심해로 가라앉아 서서히 이동하는 심층 순환이 만들어집니다.

해양의 심층 순환과 표층 순환은 완전히 동떨어진 순환은 아닙니다. 북대서양 북쪽에서 가라앉은 북대서양 심층수는 남극 근처까지 이동하고 남극 저층수 위로 흐르면서 서로 뒤섞입니다. 뒤섞인 해수는 인도양과 태평양으로 흘러들어 표층으로 상승해 표층 순환을 따라 전 지구를 순환하게 됩니다. 참고로 북극의 물이 순환하다 다시 북극으로 돌아오는 데까지 약

1,000년이 걸린다고 합니다.

표층 순환과 심층 순환으로 이루어진 해수의 순환은 지구의 열에너지를 전 지구에 골고루 전달하는 중요한 역할을 합니다. 순환의 한 부분에 변화가 생기면 전체 해수 순환에 변화가 일어나고 전 지구의 기후에도 영향을 줍니다. 영화 〈투모로우(The Day After Tomorrow)〉는 북극의 빙하가 녹아 해류의 흐름이 바뀌게 되어 결국 지구 전체가 빙하로 뒤덮이는 재앙을 다룹니다. 해수의 순환과 기후와의 관계를 극적으로 보여 주어 사람들에게 지구온난화에 대한 경각심을 불러일으켰지요.

해양 변화가 기후변화에 영향을 주는 대표적인 예로 엘니뇨와 라니냐가 있습니다. **엘니뇨** 시기에 호주, 인도네시아는 근처 서태평양의 수온이 낮아지고 고기압이 형성되어 건조한 날씨가 되므로 가뭄이나 산불이 발생합니다. 페루 연안의 동태평양에서는 수온이 높아지고 저기압이 형성되어 강수량이 늘어나 홍수가 발생합니다. 또한 서태평양에서 동태평양으로 따뜻한 해수가 이동해 심해에서 영양분 많은 차가운 해수가 올라오지 못하게 됩니다. 페루 연안은 좋은 어장이지만 엘니뇨 시기에는 물고기가 잘 잡히지 않아 주민들이 피해를 입습니다.

반대로 **라니냐** 시기 서태평양에서는 저기압이 형성되어 평소보다 강수량이 늘어나 홍수나 산사태 등의 피해가 발생하고, 동태평양에서는 고기압이 형성되어 더 건조한 날씨가 되므로 가뭄이 듭니다. 또한 동태평양에서 서태평양으로 따뜻한 해수가 많이 이동해 비어 있는 곳으로 심해의 해수가 올라오므로 동태평양의 표층 수온이 낮아집니다.

엘니뇨나 라니냐로 해수의 수온이 변하면 전 지구가 영향을 받습니다. 가뭄, 홍수, 태풍과 같은 기상 변화, 해양 생물 감소, 질병 확산, 농산물 생산량 변화, 산불 등이 발생합니다. 우리나라도 영향을 받아 엘니뇨가 발생한 겨울철에는 북태평양의 기온이 높아 강수량이 증가하고 기온이 상승하는 경향을 보입니다. 반대로 라니냐가 발생한 겨울에는 기온이 하강하는 경향을 보입니다.

하지만 우리나라의 기상 변화는 주변의 다양한 기상 요소와 기후변화에 영향을 받으므로 이런 식으로 단순한 인과관계만으로 설명하면 잘 들어맞지 않습니다.

30초 복습 퀴즈

배운 내용을 찬찬히 떠올리며 아래 빈칸을 채워 보세요.

지구는 흡수하는 태양복사 에너지양과 방출하는 지구복사 에너지의 양이 같은 ❶(　　　　　)을 유지한다. 태양복사 에너지는 전자기파로 가시광선, 자외선, 적외선을 방출한다. 지구복사 에너지는 ❷(　　　　　)으로 방출된다. 온실가스는 지구 대기에 흡수되는 태양복사 에너지를 증가시켜 평균기온이 상승하는 ❸(　　　　　)효과를 만든다. ❹(　　　　　)과 해수의 순환으로 저위도의 남는 에너지가 고위도로 운반된다. 대기대순환에서 우리나라는 서쪽에서 동쪽으로 바람이 부는 ❺(　　　　　)대에 위치한다.

정답 ❶ 복사평형 ❷ 적외선 ❸ 온실 ❹ 대기대순환 ❺ 편서풍

4

기후변화는 왜 일어나요?

30초 예습 퀴즈

기후변화에 대해 얼마나 알고 있는지 OX 문제를 풀어 보세요

❶ 기후변화의 원인은 모두 인간의 활동 때문이다. (O, X)

❷ 지구의 자전축이 변하면 기후변화에 영향을 끼친다. (O, X)

❸ 기후변화와 가장 밀접한 관련이 있는 것은
이산화탄소 배출이다. (O, X)

❹ 같은 양을 비교했을 때 이산화탄소보다 메테인이
온실효과를 더 크게 불러일으킨다. (O, X)

❺ 산림 파괴는 기후변화와는 관련이 없다. (O, X)

정답 ❶ X ❷ O ❸ O ❹ O ❺ X

앞으로 지구의 기후는 어떻게 변할까요? 빙하기가 도래해 모든 게 꽁꽁 얼어붙을까요? 아니면 점점 기온이 높아져 불덩이처럼 뜨거워질까요? 최근 지구 환경에 대한 각국의 관심이 점점 커지고 있습니다. 2020년 여러 나라의 경제 리더가 모인 국제 회의에서 '세계 위험 보고서'를 발표했는데 세계를 위협하는 요인 1위로 '기후 위기'를 꼽았다고 합니다. 그만큼 인간의 경제활동에서 기후 위기가 굉장히 중요한 역할을 한다는 것이지요. 또한 기후 위기가 일어나는 이유를 대부분 인간의 활동에서 비롯한 것으로 보고 있습니다. 여러 나라가 구체적으로 어떻게 해결할 것인지 함께 고민하고 있지요.

하지만 ❶ 기후변화가 모두 인간의 활동 때문에 일어난 것은 아닙니다. 그럼 기후변화는 왜 일어나는 걸까요? 기후변화를 일으키는 원인을 크게 지구에서 일어나는 자연적인 변동과 인간의 활동 때문에 생긴 인위적인 요인으로 나누어 다루어 보겠습니다.

자연적인 기후변화의 원인

1. 밀란코비치 이론: 천문학적 원인

지구의 기온을 변화시키는 가장 큰 요인은 바로 태양복사에너지, 즉 햇빛을 받는 양입니다. 지구는 구형이라 위도별로 햇빛을 받는 양이 다릅니다. 그래서 적도 지방이 극지방보다 햇빛을 많이 받아 기온이 높고 열대기후가 나타납니다. 적도 지방의 높은 기온은 대기와 해수의 순환으로 극지방까지 퍼지고 지구는 항상 일정한 기온을 유지하게 됩니다. 그러나 지구에 닿는 햇빛의 양이 변한다면 기온도 변하고 결국 기후변화가 일어날 수 있습니다.

1941년 세르비아의 과학자 밀란코비치는 과거 100만 년 동안 지구가 받는 태양복사 에너지를 지구의 운동과 연결해 연구한 결과를 발표했습니다. 그가 주장한 이론은 과거 지구에서 일어난 네 번의 빙하기와 잘 맞아떨어졌습니다. 밀란코비치의 이론에 따르면 지구에 도달하는 태양복사 에너지의 양을 변화시키는 원인에는 세 가지가 있습니다.

첫 번째 원인은 지구 공전궤도의 모양 변화입니다. **지구 공전궤도**는 모양이 일정하지 않고 10만 년을 주기로 납작한 타원형에서 거의 원에 가까운 형태로 변합니다. 궤도가 원이라면 태양이 지구 공전궤도의 중심에 있겠지만 타원형인 경우 태양은 타원 안의 어느 한쪽에 치우치게 됩니다. 그래서 지구와 태양 사이의 거리가 달라지고 지구에 도달하는 태양복사 에너지양이 달라집니다.

두 번째 원인은 지구 자전축의 기울기 변화입니다. 지구는 **자전축**이 지구의 북극을 중심으로 23.5도 기울어진 채로 자전하며 공전하고 있습니다. 여름이 더운 건 이때 지구 자전축이 태양을 향해 기울어 있어 북반구가 햇빛을 더 많이 받기 때문입니다. 반대로 남반구는 햇빛이 비스듬하게 들어와 겨울이 됩니다. 자전축이 기울었기 때문에 계절이 생기는 것입니다. 그런데 자전축의 기울기는 항상 23.5도가 아니라 4만 1,000년을 주기로 22.1도에서 24.5도로 바뀝니다. 앞으로 서기 1만 년이 되면 기울기가 22.1도로 가장 작아질 것이라 예상합니다. ❷ 기울기가 작아지면 어떻게 될까요? 햇빛이 들어오는 양의 차이가 적어져 여름은 덜 덥고 겨울은 덜 추워집니다. 여름과 겨울의 기온차가 줄어들게 되지요. 계절에 어울리지 않는 날씨가 계속된다면 많은 문제가 생길 것입니다.

세 번째 원인은 지구 자전축의 세차운동입니다. **세차운동**이란 자전축이 가만히 있는 것이 아니고 이리저리 흔들리는 것을 말합니다. 마치 팽이가 돌다가 힘이 다 되었을 때 비틀거리면서 도는 것처럼 지구 자전축이 움직이는 것이지요. 자전축은 약 2만 6,000년을 주기로 세차운동을 하기 때문에 현재 지구 자전축의 북극이 가리키는 방향에는 북극성이 있지만, 앞으로 1만 2,000년 후에는 자전축의 북극이 거문고자리의 베가(직녀성)를 가리키게 됩니다. 현재는 북반구를 기준으로 볼 때 자전축이 지구와 태양 사이의 거리가 멀 때 태양 쪽으로 기울어져 있는 상태입니다. 즉 북반구가 여름일 때 태양과 지구 사이가 가장 멀리 떨어져 있는 **원일점**인 상태인 거죠. 하지만 자전축의 방향이 변해 태양과 지구 사이가 가장 가까운 **근일점**일 때 자전축이 태양 쪽으로 기울어져 있다면, 즉 여름인데 거리가 가깝다면 지금보다 여름이 더 기온이 올라간다는 것을 의미하게 됩니다.

1. 지구 공전궤도가 타원에서 거의 원형으로 10만년 주기로 바뀐다.

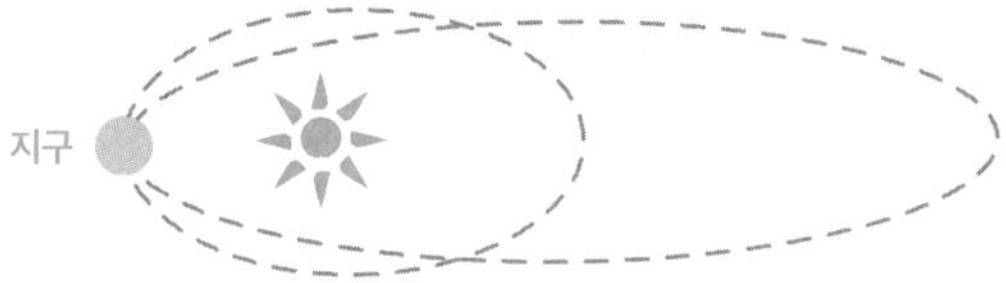

2 . 지구 자전축의 기울기가 41,000년 주기로 22.1도에서 24.5도로 변한다.

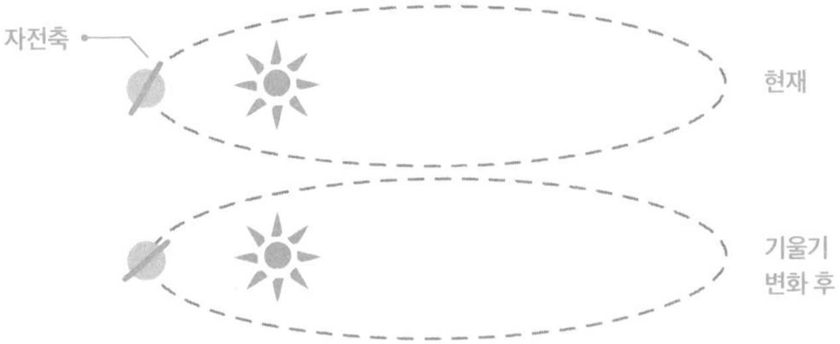

3. 지구 자전축이 흔들리는 세차운동이 일어난다.

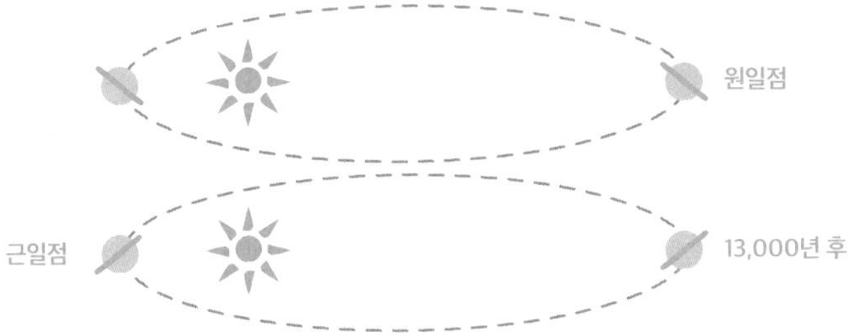

밀란코비치 이론 : 지구의 기후 패턴에 영향을 주는 요인

2. 태양 흑점 수의 변화

태양의 표면을 망원경으로 확대 관찰하면 쌀알 무늬처럼 검게 보이는 점들이 보일 때가 있습니다. 이를 **흑점**이라고 하지요. 왜 검게 보이는 것인지는 아직 정확하게 알지 못하지만 태양 자기장의 영향으로 흑점 부분에서는 태양 내부의 열이 올라오는 것이 약해져서 다른 지역보다 상대적으로 온도가 낮기 때문이 아닐까 추측합니다. 태양 표면의 흑점을 오랜 기간 관측한 결과 약 11년을 주기로 흑점의 수가 늘었다가 줄어들기를 반복했습니다. 또한 태양 활동이 왕성할 때 흑점 수가 많다는 것도 알아냈습니다. 지구 역사상 가장 기온이 낮아 추웠던 시기가 1645년에서 1715년 사이인데, 그때 평균 겨울 기온이 현재보다 2도 정도 낮았습니다. 마침 그 시기가 흑점 수가 가장 적은 극소기였고 태양의 활동이 약해진 것이 기후변화에 영향을 주었다고 주장하는 사람도 있습니다. 물론 흑점의 수가 적어진 것이 그 시기의 기온에 얼마나 영향을 미쳤을지는 정확히 알 수 없습니다. 그러나 흑점의 수와 태양 활동은 관련이 있으므로 지구에 들어오는 태양복사 에너지양이 달라졌을 수 있습니다.

3. 화산 폭발

앞에서 말했듯이 역사상 가장 추웠던 시기가 1645년에서

1715년 사이였는데 과학자들은 기온이 낮아진 가장 큰 원인으로 태양의 흑점 수 감소보다는 화산 폭발에 더 큰 비중을 두고 있습니다. 화산 폭발은 가장 빠르게 기후변화에 영향을 주는 요인이라 할 수 있습니다. 화산이 폭발하면 용암만 분출하는 것이 아니라 수증기, 화산탄, 화산재, 이산화탄소, 이산화황 등 여러 화산 분출물이 나옵니다. 모든 화산 분출이 기후변화에 영향을 주는 것은 아니고 폭발이 강력해 분출물이 상층 대기, 성층권까지 도달했을 때 기후변화를 일으키지요. 아무리 화산재가 많이 나온다 해도 성층권에 도달하지 않고 대류권에 머문다면 비가 내릴 때 화산 분출물이 모두 씻겨 사라집니다. 그러면 날씨의 변화는 일어날 수 있어도, 기후변화는 일어나지 않습니다. 반면 성층권은 비나 눈 같은 기상 현상이 거의 없으므로 화산 분출물이 도달하게 되면 오랫동안 머물며 기후변화에 영향을 줍니다. 화산 분출물 중에 작은 먼지 같은 성분들이 성층권에 도달하면 에어로졸이 됩니다. 이 에어로졸은 햇빛을 차단하거나 흡수해 성층권의 온도를 더 올리는 반면, 대류권에 도달하는 햇빛의 양은 줄여 기온을 떨어뜨립니다.

에어로졸이란 무엇일까요? 공기 중에 떠도는 0.01~100마이크로미터 크기의 아주 미세한 고체 알갱이나 액체 방울을 **에어로졸**이라고 합니다. 일반 세균의 크기가 1마이크로미터 정도니

세균보다 작은 크기의 에어로졸도 있지요. 화산 분출물이 화산 폭발 시 발생하는 수증기와 결합해 에어로졸이 되는 것입니다. 아주 작은 불순물, 먼지 같은 것이 들어 있는 물방울 같다고 생각할 수 있습니다.

실제로 화산 폭발로 기후변화가 일어난 일이 있었습니다. 1815년 인도네시아에 있는 탐보라 화산이 폭발했을 때입니다. 이때 분출된 이산화황이 44킬로미터 높이까지 도달할 정도로 엄청나게 큰 화산 폭발이었습니다. 이산화황은 성층권에서 상층 대기의 흐름을 타고 지구 전체로 퍼졌고 황산 에어로졸이 되어 태양복사 에너지를 차단했습니다. 이 때문에 지구 연평균 기온이 5도나 내려가고, 여름철 북반구에 폭설이 내리는 이상기후가 일어났습니다. 그다음 해인 1816년을 사람들은 '여름이 없었다'고 기록하고 있습니다. 1991년 6월에도 필리핀에서 피나투보 화산이 폭발했습니다. 이때 2,000만 톤의 이산화황이 분출해 성층권 35킬로미터 높이까지 올라갔습니다. 그 후 3년 동안 지구 평균기온이 0.5도 내려갔습니다.

화산 폭발로 발생한 에어로졸은 가장 빠르게 기후변화를 일으키는 원인이 됩니다. 그렇다면 화산 폭발로 지구의 기온이 올라가는 것을 막을 수 있을까요? 단기간으론 지구의 기온을 낮추는 역할을 할 수 있으나, 장기간으로 보면 지구온난화를 더 심하게 만들 수 있습니다. 왜냐하면 화산 폭발 때에 이산화탄소가 많이 발생해 온실효과를 더 크게 만들기 때문입니다. 또한 화산 폭발로 발생한 에어로졸보다는 인간의 활동으로 발생하는 에어로졸의 증가가 더 심각한 문제로 떠오르고 있습니다.

인위적인 기후변화의 원인

1. 대기 중 이산화탄소 증가

❸ 과학자들은 기후변화를 일으키는 가장 큰 원인이 자연적인 원인보다는 인간 활동으로 발생한 이산화탄소 증가라고 이야기합니다. 국제 기후변화 회의에서도 늘 어떻게 하면 인간이 배출하는 이산화탄소를 줄일지 의논합니다. 하지만 이산화탄소가 무조건 인간의 무리한 개발로 배출된 것은 아닙니다. 과거 기후를 분석해 보면 대기 중의 이산화탄소의 양은 화산 폭발, 자연적인 산불 발생 등으로 오르락내리락 많은 변화를 겪어 왔습니다. 그러나 자연에서 발생한 이산화탄소가 차지하는 양이 1퍼센트라면 인간의 활동으로 배출된 이산화탄소의 양은 99퍼센트라고 볼 수 있습니다. 지난 80만 년 동안 지구 대기 중의 이산화탄소 농도는 180~280ppm이었지만, 18세기 산업혁명 이후

겨우 200년 만에 이산화탄소의 농도는 급속히 증가해 2019년에 400ppm을 초과했습니다. 400ppm이란 대기의 0.04퍼센트를 이산화탄소가 차지한다는 뜻입니다.

지난 80만 년 동안의 이산화탄소와 기온 변화를 담은 그래프를 보면 이산화탄소 배출량이 많아지면 기온이 높아지고, 이산화탄소 배출량이 적어지면 기온이 낮아지는 것을 알 수 있습니다. 대기 중 이산화탄소의 양이 기온 변화에 아주 중요한 영향을 미친다는 증거입니다. 과학자들은 앞으로 이산화탄소 농도가 450ppm이 된다면 지구 연평균 기온이 2도 이상 올라갈 것으로 예상합니다. 따라서 현재 400ppm이 넘었다는 것은 굉장히 심각한 상황이라 볼 수 있습니다.

왜 이산화탄소 양이 늘어났을까요? 그것은 산업화와 경제 발달, 인구 증가 때문입니다. 특히 화석연료 사용이 늘어난 게 가장 큰 원인입니다. 18세기 산업혁명 이후 인류는 석탄, 석유, 천연가스 등 엄청난 양의 화석연료를 에너지원으로 사용해 왔습니다. 화석연료를 태우면 이산화탄소가 발생하므로 대기 중에 이산화탄소의 양이 증가합니다. 이 화석연료 중 주로 연료로 쓰이는 것이 석유와 석탄인데, 그중 석유보다는 석탄이 이산화탄소 방출을 더 많이 합니다. 석탄은 자동차의 연료로는 쓰이지 않지만, 전력 생산에 많은 비중을 차지하는 화력발전소 연료로 많이 사용하고 있습니다.

20세기 초 이산화탄소의 연간 배출량은 1억 톤 정도였으나 현재는 연간 약 110억 톤 이상으로 증가한 상태입니다. 과거에는 지구 자체적인 정화 능력으로 탄소의 순환과정을 거쳐 식물이 광합성을 할 때 이산화탄소를 흡수하거나, 바닷물에 이산화탄소가 녹아 제거되었으나, 지금은 배출량이 너무 많아 그중 40퍼센트는 대기에 그대로 남습니다.

이산화탄소가 대기에 많으면 무엇이 문제일까요? 바로 온실효과가 강해져 지구의 열 균형이 깨진다는 점입니다. 온실효과를 일으키는 대표적인 기체가 바로 이산화탄소입니다. 지구에서 태양으로부터 들어오는 에너지 중 일부는 구름이나 빙하에 반사되어 우주 밖으로 나가고, 일부는 흡수된 후 지구복사 에너지 형태로 우주로 나갑니다. 그런데 지구가 우주로 내보내는 지구복사 에너지 중 일부가 대기 중에 있는 온실가스에 흡수되면서 다시 지구로 에너지를 방출해 지구의 기온이 높아지는 **온실효과**가 나타납니다. 이런 온실효과가 없으면 현재 지구의 연평균 기온은 영하로 떨어져 지구상의 생물은 대부분 멸종했을 것입니다. 온실가스의 도움으로 15도의 연평균 기온을 유지하고 있는 것이지요. 하지만 이게 과하면 기온이 너무 높아지게 됩니다. 온실가스 중 가장 많은 양을 차지하고 있는 것은 수증기지만 이 수증기의 양은 과거나 지금이나 크게 변동이 없고 수증기는 비나 눈으로 바뀌어 오래 머물지 않으므로 문제가 되지 않습니다. 다음으로 많은 온실가스는 바로 이산화탄소입니다. 그 비중이 큰 만큼 이산화탄소가 증가하는 것은 큰 문제입니다. 게다가 이산화탄소는 대기 중에 오래 머무는 성질이 있어서 지금 당장 이산화탄소 배출을 완전히 중단한다 하더라도 앞으로 오랜 시간 기후변화에 영향을 미칠 것입니다.

2. 그 외 온실가스

이산화탄소 외에도 온실가스로서 중요한 역할을 하는 기체가 있는데 메테인, 아산화질소, 오존, 프레온가스(CFC) 등이 있습니다. 이 온실가스는 대기 중에 그 양은 아주 적으나 ❹ 입자 1개의 작용을 비교했을 때는 이산화탄소보다 수십 배 더 큰 온실효과를 만들어 낼 수 있습니다. 특히 메테인은 온실효과가 이산화탄소보다 약 30배나 높은데, 그 양이 산업혁명 이후 두 배 이상 증가했고 지금도 계속 증가하고 있어서 심각한 문제입니다. 메테인은 주로 가축의 분뇨, 늪, 습지 등에서 박테리아의 활동으로 발생합니다. 소나 돼지 등 가축의 방귀도 메테인이라고 생각하면 이해하기 쉽습니다. 인간은 육식을 위해 수십억 마리의 가축을 키우고 있습니다. 그 수는 계속 증가하는 추세입니다. 여기에다 흰개미도 메테인을 방출합니다. 이는 지구에서 생산되는 메테인의 약 10퍼센트를 차지합니다. 또 시베리아 동토층 얼음 밑에 막대한 양의 메테인이 매장되어 있는데 지구온난화로 동토층이 녹으면 대기 중에 메테인 양이 폭발적으로 증가하므로 심각한 문제가 될 수 있습니다.

온실가스인 아산화질소 역시 인간의 활동으로 증가했습니다. 아산화질소는 농부들이 사용하는 질소 비료에서 나오기도 하고 화석연료를 태울 때도 발생합니다. 아산화질소는 아주 작은 양이지만 일단 방출되면 대기 중에 150년가량 머물러 오랜 기간 온실효과를 일으킵니다.

또 다른 온실가스 중 하나인 프레온가스(CFC)는 냉장고의 냉매로 사용하기 위해 인간이 발명한 기체입니다. 처음 발명했을 때는 획기적인 발명으로 칭송받았으나 오존층을 파괴하는 것으로 알려져 현재는 사용이 중지되었습니다. 프레온가스는 더 이상 사용하지 않더라도 대기 중에 200년 정도 머무르기 때문에 예전에 이미 지나치게 많이 사용했던 프레온가스가 앞으로도 기후변화에 계속 영향을 미칠 것으로 보고 있습니다.

3. 산림 파괴

산림 파괴란 숲을 없애고 나무를 베어 버리는 것입니다. 인간은 농사를 짓거나 가축을 키우는 등 여러 목적을 위해 숲을 파괴하고 있습니다. ❺ 산림 파괴로 배출되는 이산화탄소의 양은 전 세계 자동차, 비행기 등의 운송 수단이 내뿜는 이산화탄소와 비슷할 정도로 많습니다. 이는 곧 기후변화를 의미합니다. 아마존 열대 숲에서는 콩을 재배하거나 소를 키우기 위해 사람이 일부러 불을 질러 숲을 파괴하는 일도 있습니다. 그러면 화재로 이산화탄소가 발생하며, 또 이후에 소를 키우면 가축이 방출하는 메테인이 더 많이 생기지요. 그런 데다 광합성을 통해 이산화탄소를 흡수해 줄 나무는 줄어든 상태이니 산림을 파괴하면 결국 이중으로 피해가 일어납니다. 광합성을 통해 산소를 뿜어내 '지구의 허파'라고 일컬어지던 아마존 밀림이 이제는 이산화탄소를 배출하는 환경오염의 중심이 되어 버린 셈입니다.

30초 복습 퀴즈

배운 내용을 찬찬히 떠올리며 아래 빈칸을 채워 보세요.

기후변화의 원인은 매우 다양하지만 자연적으로 일어나는 변동과 인간의 활동으로 생긴 인위적인 원인으로 구분할 수 있다. 자연적인 원인으로는 지구 공전궤도의 모양과 지구 ❶(　　　　　)의 기울기 변화로 지구에 들어오는 태양 빛의 양이 달라져 ❷(　　　　　　　　)의 양이 달라지고 ❸(　　　　　)에 따른 대기 중 에어로졸 증가, 태양의 활성과 관련 있는 태양의 흑점 수 변화 등이 있다. 인위적인 기후변화는 산업혁명 이후 인간의 활동으로 대표적인 온실가스인 ❹(　　　　　　) 배출량이 늘어난 것을 가장 큰 원인으로 본다. 그 밖에는 메테인 같은 온실가스 배출량 증가, 무분별한 ❺(　　　　) 파괴 등이 있다.

정답 ❶ 자전축 ❷ 태양복사 에너지 ❸ 화산 폭발 ❹ 이산화탄소 ❺ 산림

5

기후변화는 우리에게 어떤 영향을 주나요?

30초 예습 퀴즈

기후변화가 일으키는 영향에 대해 얼마나 알고 있는지 OX 문제를 풀어 보세요.

❶ 열을 받으면 팽창하는 물의 특성은 해수면이 상승하는 원인 중 하나다. (O, X)

❷ 기후변화로 북극곰 같은 동물은 멸종 위기에 처하지만 식물은 영향을 받지 않는다. (O, X)

❸ 기후변화로 말라리아, 지카 바이러스 등 전염병이 발생할 수 있다. (O, X)

❹ 기후변화로 물의 순환이 느려지면 홍수와 가뭄이 적게 발생한다. (O, X)

❺ 기후변화는 인간의 경제, 정치적인 문제와는 관련이 없다. (O, X)

정답 ❶ O ❷ X ❸ O ❹ X ❺ X

세계기상기구(WMO)는 "2020년 지구 평균기온은 산업화 이전보다 약 1.2도 높을 것이다. 이런 이상기후 현상은 지구온난화 현상, 기후변화와 관련이 있다"라고 발표했습니다. 실제로 2020년은 전 지구적으로 역대 두 번째로 무더운 해였습니다. 그리고 세계 곳곳에서는 폭염, 홍수, 산불, 허리케인 등 이상기후 현상이 연이어 발생했습니다.

지구의 연평균 기온이 상승하는 것을 지구온난화라 하고 기후변화는 모든 이상기후 현상을 일컫습니다. 지구온난화와 기후변화의 뜻은 얼핏 비슷해 보이지만, 엄밀히 따지면 기후변화는 지구온난화 현상을 포함하는 의미지요.

그렇다면 기후변화는 우리에게 어떤 영향을 줄까요? 현재 지구가 겪고 있는 기후 위기란 어떤 것인지 알아봅시다.

점점 상승하는 해수면

대기에 온실가스가 많아지면 온실효과를 일으켜 지구의 연평균 기온을 높게 만드는 **지구온난화** 현상이 일어납니다. 지구의 연평균 기온은 1980년대 산업혁명 이후로 계속 높아지는 경향을 보이며 2024년까지 매년 1도씩 높아질 것이라 과학자들은 말합니다. 우리나라도 예외는 아닙니다. 우리나라에서 평균기온이 가장 높았을 때는 2016년이었고 그 이후로 계속해서 해마다 평년보다 높은 기온을 나타내고 있습니다.

이렇게 전 지구적으로 기온이 오르면서 해수면의 높이도 상승했습니다. 실제로 세계기상기구의 '2015~2019 전 지구 기후 보고서'에 따르면 해수면은 최근 5년 동안 총 2.5센티미터 상승했습니다. 지구온난화가 계속되면 2100년까지 해수면이 1.1미터가 넘게 상승할 수도 있습니다. 이런 높이라면 부산 해운대, 중국 상하이도 물속에 잠긴다고 합니다. 유명한 관광지인

이탈리아의 베네치아나 몰디브 같은 곳은 지도상에서 사라지는 거지요. 과학자들에 따르면 해수면이 1센티미터 높아질 때마다 인류가 살 터전이 사라져 600만 명이 집을 잃게 됩니다.

그럼 해수면은 왜 상승하는 걸까요? 첫 번째 이유는 빙하가 녹기 때문입니다. 빙하는 기온이 낮은 곳에서 오랜 세월 눈이 쌓이고 쌓여 단단하고 두꺼운 얼음덩어리가 되는 것으로 히말라야 같은 높은 산이나 남극 대륙(약 86퍼센트), 그린란드 대륙에 많습니다. 빙하는 대기의 온도가 높아지거나 해수의 온도가 높아지면서 녹게 됩니다. 여기서 한 가지 헷갈릴 수 있는 용어가 빙하와 빙산인데, 북극해에 떠 있는 얼음은 빙하가 아니고 빙산이라고 부릅니다. 북극해의 기온도 상승하기 때문에 빙산도 많이 녹지만 빙산이 녹는다고 해수면의 높이가 상승하는 것은 아닙니다. 얼음의 부피가 물의 부피보다 크기 때문에 물속에 있는 얼음이 물로 변하더라도 부피가 더 커지진 않는 거죠.

과학자들의 연구에 따르면 1992~2018년까지 그린란드 빙하는 3조 8,000억 톤 정도 녹아 사라졌습니다. 그 결과 해수면이 1.6센티미터 상승하게 되었고요. 보통 빙하 연구는 빙하 관측 위성을 이용해 빙하의 두께, 빙하의 이동 방향 등을 알아내 진행합니다.

한편, 빙하는 햇빛을 반사해 지구의 열평형에도 큰 역할을 합니다. 그런데 빙하 면적이 줄어들면 바닷물이 햇빛을 더 많이 흡수해 해수의 온도가 높아집니다. 그러면 상황이 더 나빠지게 되는 거죠.

❶ 해수면이 높아지는 또 다른 이유는 해수의 온도가 올라 바닷물이 열팽창을 하기 때문입니다. 액체는 열을 받으면 분자 운동이 활발해져 분자 간의 거리가 멀어지게 되어 부피가 늘어납니다. 이런 현상을 **열팽창**이라고 부릅니다.

해수면이 상승하게 되면 해안가 주변이 깎여 내려갈 뿐만 아니라 폭풍해일, 태풍, 허리케인 등이 일어날 때 더 큰 피해를 주게 됩니다. 기온이 상승하면 바닷물이 더 많이 증발하고 태풍, 허리케인과 같은 재해는 더 자주 발생할 것입니다. 이처럼 해수면의 상승과 함께 해안 도시들은 엄청난 위협을 받게 됩니다.

줄어드는 해수 심층 순환

해수의 온도가 계속 상승해 빙하가 녹으면 극지방의 해수는 염분이 낮아집니다. **염분**이란 바닷물 1킬로그램 안에 녹은

소금과 같은 염류의 양을 나타낸 것입니다. 바닷물의 밀도는 수온과 염분으로 결정되는데 염분이 낮아진다는 것은 밀도가 작아진다는 것을 의미합니다. 밀도가 낮아진 극지방의 해수는 바다 밑으로 가라앉지 못하므로 대규모의 해수 심층 순환이 제대로 일어나지 않습니다. 심층 순환은 지구의 열 분배를 위해서 매우 중요합니다. 극지방의 찬 해수는 가라앉아 심해에서 적도 지방으로 이동하고, 적도 지방의 해수는 적도 지방의 남는 열을 가지고 극지방으로 이동해 열을 나누어 줍니다. 그래야 지구의 연평균 기온이 일정하게 유지될 수 있습니다. 이 순환이 원활히 일어나지 않으면 적도 지방은 더 덥고 극지방은 더 추운 극한 기후가 나타나게 될 것입니다.

균형을 잃어 파괴되는 생태계

기후변화와 관련해 떠오르는 동물이 있나요? 흔히 북극곰이 녹고 있는 빙산 위에서 어쩔 줄 모르고 서 있는 모습을 떠올릴 것 같네요. 맞습니다. 기후변화로 기온이 상승해 북극해의 빙산이 녹으면 북극곰이 살아갈 터전이 사라지게 되지요. 얼음 위에서 먹잇감을 사냥해야 하는데 얼음이 줄어드니 사냥도 힘들고, 먹는 게 부족하니 번식도 어렵습니다. 결국 북극곰은 개체수가 줄어 멸종할 위기에 처하고 말았습니다. 과학자들은 기후변화로 지구의 평균기온이 1.5~2도 상승하면 생물 종의 약 30퍼센트가 멸종할 수 있다고 말합니다.

기후변화로 가장 큰 영향을 받는 동물은 개구리와 같은 양서류입니다. 개구리는 외부의 온도에 따라 체온이 변하는 변온동물인데 기온에 따라 알을 낳는 시기가 정해집니다. 그런데 개구리가 성체가 되기도 전에 기온이 높아지니 알을 낳는 시기를 놓치고 맙니다. 그러면 결국 번식을 하지 못하고 멸종하고 말겠지요. 개구리가 사라진다면 어떻게 될까요? 개구리의 포식자인 동물들은 먹이가 부족해서 개체수가 줄어들 것이고, 개구리의 먹이인 곤충은 그 수가 엄청 늘어나겠지요? 이렇게 먹이사슬 구조가 끊어져 생태계가 무너지게 됩니다. 이외에도 호랑이, 판다, 순록 등 많은 동물이 기후변화로 환경에 적응하지 못하고 멸종 위기에 놓였습니다.

해양 동물도 상황이 심각하기는 마찬가지입니다. 대기 중에 이산화탄소와 같은 온실가스가 많이 생기면 해수는 그 이산화탄소를 흡수하는 역할을 하게 됩니다. 이때 너무 많은 이산화탄소가 녹게 되면 해수는 산성화됩니다. 사이다 같은 탄산음료에 이산화탄소가 많이 녹아 있는 것과 비슷하죠. 산성화가 심해지면 탄산염이 만들어지지 않기 때문에 조개나 게, 굴 등이 더 이상 탄산염으로 껍데기를 만들지 못할 수도 있습니다. 특히 산호초의 피해가 심합니다. 산호초에서 많은 해양 생물이 산소를 공급받기도 하고 숨어서 집을 만들기도 하면서 살아가는데 이 산호초는 탄산염이 있어야 만들어질 수 있습니다. 현재 해양 산성화로 많은 산호초가 하얗게 변하면서 죽어가고 있습니다. 산호초가 사라지면 산호와 함께 공생하는 플랑크톤도 사라지게 되고 플랑크톤의 광합성으로 바다가 산소를 많이 공급받았는데 산소 공급이 부족하게 되니 해양 생물들이 멸종에 이르고 맙니다.

❷ 기후변화는 동물뿐 아니라 식물에게도 큰 위기입니다. 예를 들어 예전에는 대구 사과가 유명했지만 요즘은 좀 더 북쪽 지역에서 사과를 재배하고 있습니다. 또한 개나리나 벚꽃 등 봄을 알리는 꽃이 피는 시기가 빨라져 겨울잠을 자는 꿀벌은 제때 꿀을 만들기 어렵습니다. 꿀벌이 있어야 식물들이 수분으로 번식을 할 수 있는데, 수분에 실패한다면 결국 그 식물은 사라질 수밖에 없겠지요. 단순히 꿀벌 하나쯤이야 없어도 된다고 생각할지 모르지만 그 여파는 상당합니다. 많은 식물이 직격타를 맞게 됩니다. 생물의 다양성을 갖추고 있어야 그 생태계가 건강하다 말할 수 있습니다. 그래야 어떤 환경, 기후변화에도 적

응해서 살아갈 생물이 등장할 수 있지요.

이례적인 폭염과 전염병 발생

기후변화는 자연재해뿐 아니라 사람들의 건강 문제에도 큰 위협을 끼치고 있습니다. 2019년 기상청에서는 우리나라 연평균 폭염(낮 최고 기온 33도 이상) 일수가 2000년대(2000~2009년) 10일에서 2010년대(2010~2019년) 15.5일로 5.5일 늘었다고 발표했습니다. 전 세계적으로 폭염이 일으킨 여러 질환으로 15만 명 이상이 사망한다고 합니다. 지구온난화 때문에 폭염 일수가 증가하는 것이죠. 폭염으로 고열에 시달리는 열사병에 걸리거나 심장마비 등으로 많은 인명 피해가 발생하고 있으며, 특히 노약자는 더욱 위험합니다.

기온이 높아짐에 따라 겨울철이 따뜻해지자 해충의 개체수가 증가해 이미 과거에 정복했다고 생각한 전염병이 다시 발생하고 있습니다. ❸ 모기와 진드기가 늘어나 말라리아, 뎅기열, 지카 바이러스, 쯔쯔가무시 등 사망률이 높은 위험한 전염병이 전 세계적으로 발생하고 있습니다.

한편 폭염으로 건조한 날씨가 이어지면 산불도 자주 일어나 산림이 파괴됩니다. 대기 중의 이산화탄소는 숲을 이루는 나무들이 광합성을 하면서 일부분 흡수해 그 양을 줄이는데 산불로 산림, 숲이 훼손되면 나무가 줄어든 만큼 이산화탄소를 줄일 수 없으니 결국 지구온난화가 더 심해지는 악순환이 이어집니다.

기후변화가 일으키는 심각한 문제

기후변화로 일어나는 많은 변화 중에 가장 심각한 것이 바로 물과 관련한 부분입니다. 홍수나 가뭄, 해수면 상승, 태풍, 식량난, 전염병 발생 등 많은 문제가 결국 물의 순환과 연관 있기 때문입니다.

지구에서 물의 순환은 생물체에게 꼭 필요한 현상입니다. 바닷물, 강물 등이 증발해 수증기가 되고, 그 수증기가 응결해 물방울이 되고, 물방울이 모여 구름이 되며, 구름 속 물방울이 무거워져 눈과 비로 내려 바다나 강물이 되는 것을 **물의 순환**이라고 합니다.

공기 $1m^3$ 중에 최대한 포함할 수 있는 수증기량을 포화수증기량이라고 하는데 이 포화수증기량은 온도에 비례합니다.

즉 기온이 높아지면 공기가 포함할 수 있는 수증기의 양이 늘어나게 됩니다. 지구온난화로 기온이 상승함에 따라 공기는 더 많은 양의 수증기를 저장할 수 있게 되었습니다. 이렇게 저장된 많은 양의 수증기가 응결해 구름이 되면 보통 때보다 비와 눈이 훨씬 더 많이 내리게 되고 집중호우, 폭설로 이어집니다.

지표면이 열을 받아 온도가 높아지면 지표면 부근의 가벼워진 공기가 상승해 구름이 만들어지고 그 주위에서는 지표면에서 위로 상승한 공기의 빈 부분을 채우기 위해 지상에서 공기가 지표면으로 내려오는 하강기류가 생깁니다. 공기가 상승하는 곳이 있으면 공기가 내려오는 곳도 있다는 것이죠. 공기가 하강하는 곳은 맑고 건조한 날씨가 됩니다. 기온이 높아지면 증발이 강하게 일어나므로 공기가 더 많이 상승하게 되고 공기 중에 수증기가 많아집니다. 동시에 그 주변에선 공기가 하강해 맑고 건조한 날씨가 이어지죠.

즉 한쪽에서는 집중호우로 홍수가 날 정도로 비가 내리지만 다른 곳에서는 반대로 매우 건조해 가뭄이 발생하기도 합니다. 보통 바닷물이 증발해 한 바퀴 순환해서 다시 바닷물로 돌아오는 데 일주일 정도 걸린다고 하는데 기후변화로 순환 주기가 빨라졌습니다. ❹ 물의 순환이 빨라짐에 따라 홍수와 가뭄이 더 자주 발생할 수 있습니다.

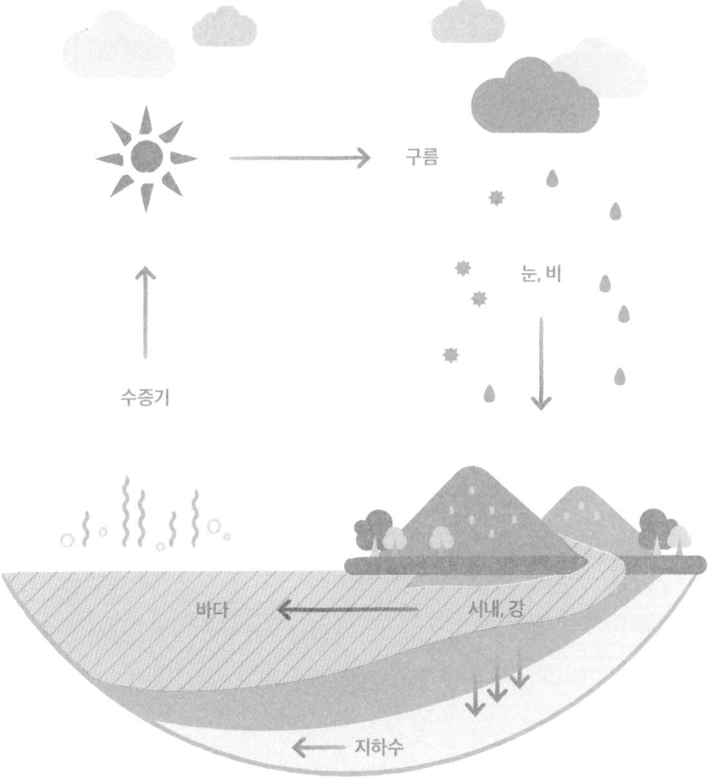

물의 순환

집중호우로 비가 많이 내리면 물이 풍부해질 것 같지만 실제로는 그 물을 저장하지 못하고 대부분 다 흘려보냅니다. 또 흙이나 나무도 같이 떠내려가기 때문에 더 이상 사용할 수 있는 깨끗한 물이 아니지요. 같은 지역에 큰 비가 다시 온다면 이전에 산림이 훼손되었으니 더 큰 피해를 보게 됩니다. 홍수가 나면 많은 오염 물질이 정화도 없이 그대로 배출되기 때문에 전염병이 생길 수 있습니다. 한편 물이 부족한 곳에서는 지저분한 물을 먹게 되고, 잘 씻을 수 없어 설사병 같은 질병이 발생합니다.

기후변화로 기온이 오르면 빙하가 녹아 해수면이 상승한다는 사실은 앞에서 먼저 다루었습니다. 하지만 또 다른 문제점이 있습니다. 빙하는 주로 남극이나 그린란드 대륙에 있지만 히말라야나 킬리만자로와 같이 높은 산맥 위에도 있습니다. 이 빙하는 식수 및 농업용수 등으로 유용하게 쓰이기 때문에 꼭 필요합니다. 이 산맥 빙하를 이용해 살아가는 사람들이 전체 인구의 약 1/6 정도라니 엄청나지요? 아프리카의 킬리만자로 산맥 빙하는 21세기 들어 거의 다 녹았습니다. 이 킬리만자로 빙하를 생명줄로 여기며 살아가던 동아프리카 사람들은 지금 심각한 물 부족을 겪고 있습니다. 만약 히말라야산맥 빙하가 거의 다 녹아 버린다면 어떻게 될까요? 히말라야 빙하를 인도, 중국, 파키스탄, 네팔 등 약 10억 명의 인구가 식수원으로 사용하고 있습니다. 빙하가 많이 녹으면 처음엔 물이 풍부해져 좋겠지만 사용한 만큼 다시 빙하가 생기지 않으니 결국 물이 부족해질 것입니다. 그럼 살기 위해 다른 곳으로 이동해야겠지요. 앞으로는 석유보다 물이 더 귀한 자원이 될지도 모릅니다. ⑤ 기후변화로 일어나는 물 부족 현상은 건강 및 경제, 정치적인 문제까지 모든 부분에서 최악의 상황을 만들 수 있습니다.

달라지는 재배 환경, 식량난 증가

식량도 문제입니다. 기후변화로 가까운 미래에 우리는 감자튀김을 못 먹게 될 수 있습니다. 기온이 상승해 낮은 온도에서 재배하던 작물은 키울 수 없게 될 테니까요. 감자가 그 대표적인 농산물입니다. 물고기도 마찬가지입니다. 옛날에는 동해안에서 명태가 많이 잡혔지만 지금은 잡히지 않아 러시아에서 수입합니다. 이렇게 생물의 다양성 파괴뿐 아니라 또 다른 문제는 잦은 홍수와 가뭄으로 농사를 제대로 지을 수 없다는 것입니다. 홍수로 다 키워 놓은 작물이 망가지기도 하고 가뭄으로 말라 죽을 수도 있으니 기후변화로 전 세계가 식량난을 겪게 될 것입니다.

식량 부족이 심해지면 어떤 일들이 벌어질까요? 물과 식량이 부족하면 법질서와 도덕성이 무너져 약탈이 일어날 것입니다. 심하면 국가 간 전쟁도 일어날 수 있고요. 실제로 아프리카의 경우, 오랜 가뭄으로 여러 부족이 전쟁을 겪고 있습니다.

30초 복습 퀴즈

배운 내용을 찬찬히 떠올리며 아래 빈칸을 채워 보세요.

기후변화로 기온이 상승하면 빙하가 녹아 바다의 ❶(　　　　)이 상승해 많은 도시가 물에 잠길 수 있고, 동식물이 서로 긴밀하게 연결되어 균형을 유지하고 있는 ❷　　　　)를 파괴해 북극곰, 산호초 등 많은 생물이 멸종 위기에 처할 수 있다. 기온이 높아짐에 따라 겨울이 따뜻해지면 모기나 진드기 같은 해충의 개체수가 증가하고 말라리아, 뎅기열 등 ❸(　　　　)이 퍼질 것이다. 또한 기후변화로 물의 순환이 변하면 ❹(　　　　)와 가뭄이 잦아져 각종 질병 및 환경오염이 발생하고 농사를 망치게 되어 ❺(　　　　)이 발생한다. 결국 이런 기후변화가 일으키는 다양한 영향으로 물 부족과 식량 부족이 심각해지면 경제, 정치적인 분쟁으로 이어질 수 있다.

정답 ❶ 해수면 ❷ 생태계 ❸ 전염병 ❹ 홍수 ❺ 식량난

6

기후변화를 막기 위해 어떤 시도를 하고 있나요?

30초 예습 퀴즈

기후변화를 막기 위한 대책에 대해 얼마나 알고 있는지 OX 문제를 풀어 보세요.

❶ 기후변화 협약은 2015년 파리에서 처음 열렸다. (O , X)

❷ 2015년 파리협정에서는 지구 평균기온 상승을 2도 이하로 유지하기로 약속했다. (O , X)

❸ 파리협정은 미국, 중국 등 온실가스 배출량이 많은 나라가 참여하지는 않았다. (O , X)

❹ 기후 위기는 인류가 막을 수 없을뿐더러 기후변화에 적응하는 것은 불가능하다. (O , X)

❺ 온실가스 배출량을 줄이기 위해 가정이나 학교에서 에너지 절약을 실천해야 한다. (O , X)

정답 ❶ X ❷ O ❸ X ❹ X ❺ O

앞 장에서 기후변화가 우리에게 미치는 많은 부정적인 영향을 알아보았습니다. 폭염, 홍수, 가뭄 등 재해와 생태계 파괴, 물 부족, 전염병 발생 등 대부분 인간의 생존을 위협하는 것들이었습니다. 그렇다면 이런 위협들을 없앨 수 있는 방법은 없을까요?

이번 장에서는 우리가 기후변화 위기에 어떻게 대응해야 하는지 알아보도록 하겠습니다.

우리는 기후변화를 일으키는 가장 큰 원인이 인간 활동으로 배출된 온실가스 때문이라는 것을 알고 있습니다. 그렇다면 세계의 모든 사람이 지금 당장 이산화탄소 배출을 멈춘다면 문제를 해결할 수 있을까요? 그건 사실상 불가능합니다. 하지만 이산화탄소 같은 온실가스의 배출량을 줄이는 것이 가장 시급한 것은 확실합니다. 이 시급한 문제는 어느 한 나라에서만 줄인다고 해결되진 않습니다. 모든 나라가 협력해야 합니다. 그래서 기후변화 위기를 막기 위해 온실가스 배출량을 줄이는 것을 목적으로 ❶ 1992년 유엔(UN)에서 기후변화 협약을 처음 만들었습니다. 우리나라도 1993년 12월에 가입했습니다.

그러나 나라마다 각각 처한 상황이 다르고 자국의 경제 발달을 우선으로 하다 보니, 국제적으로 의견 일치를 보는 것이 매우 어렵습니다. 그럼에도 많은 국가가 기후 위기 문제를 해결하기 위해 역사적인 합의 두 가지를 만들었습니다.

처음 뜻을 모은 교토의정서

첫 번째는 바로 1997년 12월 일본의 교토에서 결정한 '기후변화 협약 부속 교토의정서'입니다. 줄여서 **교토의정서**라고 하는데요. 선진국들이 온실효과를 높이는 이산화탄소 외 다섯 종류의 온실가스를 2008년부터 2012년까지 1990년 배출량 대비 5.2퍼센트 이하로 감소하기로 약속한 것입니다. 선진국들은 다른 개발도상국이나 후진국보다 산업혁명을 먼저 시작하면서 발전했기 때문에 온실가스 배출을 훨씬 더 많이 했으니 그 책임을 져야 한다는 의미를 내포하고 있지요. 특이한 점은 선진국에서 온실가스 배출량 감소를 목표보다 더 많이 달성했을 경우 그 양만큼 다른 나라에 팔 수 있다는 것입니다. 그리고 목표한 양만큼 감소시키지 못한 경우에는 그다음에 달성하지 못한 배출량의 1.3배를 더 줄여야 한다는 벌칙도 있어요. 교토의정서는 구체적으로 온실가스 배출을 줄이려고 선진국들이 처음으로 법적 구속력을 가지고 한 약속입니다. 이 협약은 처음 약속한 감축량인 1990년 대비 5.2퍼센트보다 훨씬 더 많은 22.6퍼센트 감소라는 성과를 거두었습니다. 그러나 세계에서 가장 많이 온실가스를 배출하는 중국, 미국, 인도가 이 약속을 함께하지 않아서 한계가 있었습니다. 또 1997년 협정을 할 때는 중국과 인도는 배출량을 줄여야 하는 선진국에 들어가 있지 않았습니다. 그 나라가 배출하는 온실가스양이 각각 세계 1위, 3위인데도 말입니다. 또 배출량 세계 2위인 미국도 화석연료를 사용하지 않으면 산업이 발전할 수 없고 경제가 어려워진다는 이유로 동참하지 않았습니다. 그러니 2012년 교토의정서는 2020년까지 연장되기는 했지만 사실상 주요 국가들이 탈퇴를 하거나 동참하지 않았다는 면에서 보면 큰 성공을 거두었다고 말할 수는 없습니다.

여러 나라가 함께한 파리협정

두 번째로 중요한 의의를 가진 기후변화 협약은 2015년 12월 12일, 프랑스 파리에서 체결한 **파리협정**입니다. 교토의정서가 2020년을 마지막으로 끝나기 때문에 그 후를 위해 맺은 기후 체제 합의입니다. 선진국뿐 아니라 많은 개발도상국까지 총 195개국이 참여했습니다. 이는 세계 온실가스 배출량의 90퍼센트 이상에 해당하는 규모입니다. ❷ 이 협약의 핵심은 산업화 이전 대비 지구 평균기온 상승을 2도 이하로 유지하고, 더 나아가 1.5도 이하로 제한하기 위해 함께 노력하자는 약속입니다.

각 나라는 스스로 온실가스 감축 목표를 정하고 그 목표 달성을 위해 노력해야 하며 국제사회는 서로서로 잘 이행되고 있는지 지켜보고 검증해야 합니다. 또한 선진국은 개발도상국이 기후변화에 대응할 수 있도록 재정과 기술을 지원해 주어야 한다는 내용도 담고 있습니다. ❸ 2020년 처음 협약 실천을 시작했고 미국은 대통령이 바뀌면서 탈퇴를 했다가 재가입을 했고, 세계 최대 온실가스 배출국인 중국은 2060년까지 탄소 중립(온실가스 배출량을 0으로 만드는 것)을 선언하면서 적극적으로 동참하고 있습니다. 파리협정은 모든 나라가 자발적으로 온실가스 감축 목표를 정해 참여하는데 5년마다 그 목표가 2도 온도 목표에 적절한 것인지 검토를 받아야 하고, 5년의 주기로 갱신할 때마다 더 높은 수준의 목표를 제출해야 합니다. 하지만 지키지 못한다고 해서 벌칙이 있는 것은 아닙니다. 그래서 많은 나라가 자발적으로 참여하고 있습니다. 파리협정은 그 종료 시기도 정해져 있지 않습니다. 목표가 달성될 때까지 끊임없이 모든 나라가 노력해야 하지요. 최근 2018년 10월 인천 송도에서 발표된 '지구온난화 1.5도 특별 보고서(IPCC 보고서)'에서는 2015년 파리협정에서 결정된 2도라는 목표를 1.5도로 낮추었습니다. 모든 나라가 2100년까지 지구 평균기온 상승 폭을 1.5도 이하로 억제하기 위해서 2030년까지 온실가스 배출량을 최소 45퍼센트 줄이고, 2050년까지 온실가스 배출량이 제로가 되도록 하자는 내용도 포함되었습니다. 그만큼 기후 위기가 심각한 상황이라는 것을 알 수 있습니다.

지구 평균기온을 내리기 위한 노력

지구 평균기온 상승폭을 2도에서 1.5도로 0.5도 낮추는 게 그리 대단하지 않다고 여길지도 모르겠습니다. 겨우 0.5도 차이라고 생각할 수도 있으니까요. 하지만 과거 1만 년 동안 지구 평균기온은 1도 이상 올라간 적이 없는데 지난 140년(1880~2019년)간 지구 평균기온이 1.1도나 올랐습니다. 지구가 한 번도 겪어 보지 않은 큰 상승 폭입니다. 우리나라는 최근 100년간 1.5도 온도가 상승해 지구 평균기온 상승보다 훨씬 상승이 큽니다. '지구온난화 1.5도 특별 보고서'에 따르면 2도에서 1.5도로 목표를 낮출 경우 해수면 상승 높이가 약 10센티미터 낮아진다고 합니다. 해수면이 10센티미터 덜 상승함으로써 인구 1,000만 명이 거주지를 지킬 수 있으며 여러 생물의 멸종 확률도 반으로 줄일 수 있습니다. 수억 명 인구의 물 부족, 폭염 및 가뭄, 홍수 등 많은 문제를 완화할 수 있습니다.

평균기온이 1.5도 상승하는 것을 막기 위해 과학자들이 제시한 계획에 따르면 2050년까지 전기 공급의 85퍼센트를 재생에너지에서 얻어야 하며 석탄, 석유 등의 화석연료는 거의 제로에 가깝게 사용해야 합니다. 하지만 현실적으로 온실가스 배출량을 제로로 만드는 것은 쉬운 일이 아니니 이산화탄소 흡수 및 제거 기술의 개발도 고려하고 있습니다.

이산화탄소는 어떻게 제거할 수 있을까요? 이산화탄소를 자연적으로 흡수해 제거하는 방법은 식물이 광합성을 통해 이산화탄소를 이용하는 것과 바닷물이 이산화탄소를 녹여서 탄산칼슘 같은 물질로 바꾸는 것입니다. 하지만 이 방법으로 이산화탄소를 제거하기에는 시간이 너무 오래 걸립니다. 게다가 설상가상으로 지구온난화로 산불이 자주 발생해 아마존 밀림 같은 숲이 많이 훼손되었고, 바닷물이 기체를 용해하는 능력은 온도가 높을수록 낮아지기 때문에 이산화탄소를 이전에 비해 더 적게 녹입니다. 현재 과학자들이 연구하고 있는 방법 중 하나는 CCUS(Carbon Capture, Utilization and Storage)로, 이산화탄소를 포집, 저장, 활용하는 기술입니다. 이산화탄소를 배출하는 공장에서 굴뚝으로 나오는 이산화탄소를 모으고(포집), 이 이산화탄소를 압축해서 파이프라인이나 트럭, 선박으로 운송해 유전이었던 땅속 공간이나 바다 밑에 저장하는 것입니다. 또는 저장하지 않은 이산화탄소를 전환해 플라스틱 같은 화학제품의 원료로 사용하거나 바이오디젤 같은 연료를 만드는 데 이용하는 것입니다. 그러나 이 방법도 실현 가능성이 현재로선 매우 낮고 화석연료를 사용한다는 전제하에 연구하는 것이라는 문제가 있습니다.

위험한 기후변화 티핑 포인트

지구는 여러 개의 구성 요소가 모여 있는 '지구계'입니다. 지구계는 생물권, 지권, 수권, 기권, 외권의 요소로 구성되고 각각 독립적인 것이 아니라 서로 영향을 주고받습니다. 지구계는 어떤 문제가 발생했을 때 구성요소들이 상호작용을 하며 스스로 회복할 수 있는 기능이 있습니다. 하지만 그 문제가 도저히 극복할 수 없는 한계선을 넘는다면 원래의 안정된 상태로 돌아가지 못하고 불안정한 상태가 됩니다. 그렇게 되면 더 이상 지구에서 생물체가 살 수 없는 환경이 되지요. 티핑 포인트(Climate Tipping Point)란 작은 것들이 쌓이고 쌓이다가 어느 순간 갑자기 폭발하며 세상을 뒤집어 놓는 한계선을 의미합니다. 지구계는 지금 기후변화로 티핑 포인트를 향해 가고 있습니다.

기후변화 문제에서 1.5도의 기온 상승을 막는다는 것은 바로 지구 위험 한계선, 티핑 포인트를 넘지 말자는 의미입니다. 일부 과학자들은 1.5도 이하를 지키지 못했을 경우 지구상의 생명체 대부분이 사라지는 여섯 번째 대멸종이 올 수 있다고 이야기합니다. 지구 탄생 이후 다섯 번의 대멸종이 있었습니다. 대멸종이 일어났을 때마다 그 당시 군림하던 생명체가 사라지고 말았습니다. 6,500만 년 전 중생대를 주름잡던 공룡도 다섯 번째 대멸종으로 사라지게 되었지요. 인류도 여섯 번째 대멸종이 온다면 지구상에서 없어질 수 있습니다.

과학자들은 기후 티핑 포인트가 어느 시점일지 정확하게 예측하지 못하고 있습니다. 기온 상승이 1.5도를 넘지 않게 막는다고 위기를 모면할 수 있을지도 아직은 불확실합니다. 기후변화 시나리오는 컴퓨터에 여러 자료를 넣어 얻은 결과로 미래에 대한 예측이 100퍼센트 정확하다고 할 수 없습니다. 그러나 확실한 건 지구가 기후변화로 위험 한계선인 티핑 포인트에 접근하고 있다는 것입니다. 현재 티핑 포인트로 가고 있다는 것을 알려 주는 여러 징조가 나타나고 있습니다. 지구계에서 한 가지 구성 요소의 변화는 그것 하나로 끝나는 것이 아니라 다른 구성 요소에 영향을 주어 상황을 더 급변하게 합니다. 그런데 더욱 염려스러운 점은 각 요소들이 지구온난화가 일어났을 때 온도가 더 상승하는 방향으로 상호작용한다는 것입니다.

실제로 지구온난화로 북극해의 얼음과 그린란드의 빙하가 녹으면서 대서양 바다에는 민물의 양이 증가하고 있습니다. 빙하는 해수와 달리 육지의 물에 속하고 짠맛이 나지 않습니다. 이 민물의 유입으로 대서양의 염분과 수온이 달라지면 해양 심층 대순환의 흐름이 느려지고, 해류가 느려지면서 아프리카 대륙에 부는 계절풍에 영향을 줍니다. 여름에는 바다에서 육지로, 겨울에는 육지에서 바다로 육지와 바다의 비열 차이 때문에 계절풍이 부는데 아프리카 대륙에는 바다에서 육지로 부는 계절풍으로 비가 내립니다. 이 흐름이 느려지면 심각한 가뭄이 올 것입니다. 또한 해류는 고위도와 저위도의 열 분배에 중요한 역할을 하는데 이 심층 순환이 느려지면서 남극 대륙에 열이 쌓이게 되어 남극 빙하도 더 빨리 녹게 됩니다. 얼음이 녹으면 태양 빛을 반사하는 양이 적어져 해수의 온도가 더 상승하게 됩니다. 또 다른 심각한 문제 중 하나는 북극지방의 온난화로 영구동토층의 온도가 높아지고 있는 것입니다. **영구동토층**이란 한 여름에도 녹지 않고 2년 이상 영하의 온도를 유지하고 있는 아주 차가운 땅을 말하는데 주로 러시아, 캐나다에 있습니다. 영구동토층은 과거에 살았던 생물의 시체가 묻힌 냉동창고라고 생각할 수 있습니다. 지구온난화가 심해짐에 따라 이곳에는 과거에 멸종한 맘모스 시체가 조금씩 드러나기 시작했고, 해마다 이 맘모스의 상아를 캐내 팔려고 하는 장사꾼들이 모여든다고 합니다. 영구동토층이 녹는 것은 티핑 포인트에 가장 빨리 도달하는 방법이라고 해도 과언이 아닙니다. 영구동토층 밑에는 엄청난 양의 이산화탄소와 메테인이 저장되어 있기 때문입니다. 오래전에 죽은 생물체에는 이산화탄소와 메테인 등의 탄소가 있습니다. 영구동토층에 저장된 탄소의 양은 과학자들이 추정하기로 현재 대기중 탄소 양보다 4배 정도 많다고 합니다. 시베리아만 해도 땅속에 저장된 탄소량이 약 5,000억 톤에 달할 것으로 보입니다. 이것은 화석연료의 연소를 통해 매년 대기 중으로 방출되는 탄소량의 100배에 해당하는 양입니다. 게다가 저장된 탄소는 이산화탄소보다 온실효과가 수십 배 더 큰 메테인이 대부분입니다. 이미 영구동토층 온도가 올라가고 있고 일부 지역에선 벌써 메테인이 방출되고 있습니다.

이 영구동토층의 또 다른 문제는 바이러스입니다. 북극과 맞닿은 러시아에서 2016년 한 아이가 탄저병으로 죽었습니다. 탄저병은 오래전에 사라진 전염병이었지요. 탄저병을 일으킨 탄저균은 어디서 나왔을까요? 과학자들은 영구동토층에 묻혀 있던 동물의 사체에서 탄저균을 발견했습니다. 즉 이 영구동토층에는 무시무시한 고대 바이러스들이 존재하죠. 지금의 인류가 겪어 보지 못한 전염병이 다시 창궐할 수도 있다니 정말 무서운 일입니다. 이런 불행을 막으려면 기후변화로 티핑 포인트에 도달하지 않도록 전 지구적으로 협력하고 온실가스의 배출량을 줄이도록 최선을 다해야 합니다.

지금 할 수 있는 노력, 기후변화 적응

기후 위기에 대응하는 방식에는 앞서 이야기한 것처럼 온실가스 배출량을 줄여서 지구의 평균기온을 낮추기 위해 노력하는 것이 가장 중요합니다. 그러나 지금 당장 온실가스 배출량을 제로로 만든다고 해도 최소 50년에서 200년 동안은 이미 과거에 배출한 온실가스가 대기 중에 머물러 있기 때문에 21세기 말까지 기온 상승은 피할 수가 없습니다. 그렇다면 기후 재해가 오면 피해를 참고 견디는 수밖에 없는 걸까요? 아닙니다. ❹ 우리는 기후변화에 적응할 준비를 해야 합니다. **기후변화 적응**이란 기후변화가 일으키는 생태계 파괴, 재난 재해 발생 증가에 대비하기 위해 예측에 힘써 피해를 최소화하고 더 나아가 새로운 산업 분야의 발전 기회를 만드는 것을 말합니다. 기후변화 적응을 잘하면 인명 및 재산 피해를 줄일 수 있으며 그 분야와 관런된 산업이 발전할 수 있습니다. 영국의 경우 템스강에 홍수가 자주 일어나 해마다 인명 재산 피해가 심했는데 강의 하구에 만조와 홍수가 겹칠 때 바닷물의 침입을 막을 수 있는 둑을 지었습니다. 이 둑은 미래에 해수면 상승에 대비해서 만들어졌습니다. 이 하굿둑 덕분에 엄청난 폭우가 내렸을 때도 런던은 홍수 피해를 피할 수 있었습니다. 이 하굿둑을 '기후변화에 대한 적응'의 대표적인 성공 사례로 이야기합니다. 이렇게 둑 건설 같은 대규모의 적응 사례 외에도 실제로 신재생에너지 공급 늘리기, 생태계 보존을 위해 생물 다양성 유지하기, 전기 자동차 개발, 자전거 도로 만들기, 도심 옥상정원 및 도심 공원 조성하기, 기상청에서 폭염 특보제 실시하기, 재해에 대비한 보험 상품 만들기 등 다양한 기후변화 적응을 국가 또는 기업에서 시행하고 있습니다.

그러면 개인적으로 우리가 할 수 있는 일은 무엇이 있을까요? 몇 가지 할 수 있는 일들을 이야기해 보겠습니다. ❺ 첫 번째는 에너지 절약을 실천하는 것입니다. 가정이나 직장 등에서 냉난방을 할 때 적정 온도를 유지합니다. 난방을 1도 낮추면 가구당 연간 231킬로그램에 이르는 이산화탄소 배출을 줄일 수 있습니다. 여름철 실내 온도는 26~28도, 겨울철 난방 온도는 20도 이하가 적정 온도입니다. 그 밖에도 전기제품을 올바르게 사용하면 에너지를 절약할 수 있습니다. 에너지소비효율이 높은 가전제품을 구매하고, 사용하지 않는 전기기기의 플러그는 뽑아 두고, 낮은 층은 엘리베이터를 타지 않고 걸어서 다닙니다. 화석연료를 덜 사용하기 위해서는 가능한 한 대중교통을 이용하면 좋겠지요.

개인적으로 플로깅을 추천합니다. 여러 환경 단체에서 플로깅 행사를 개최하고 있는데, 여기서 플로깅이란 '줍다'라는 뜻의 스웨덴어 '플로카우프(plocka upp)'와 '달리다'라는 뜻의 영어 '조깅(jogging)'이 합쳐진 말입니다. 즉 산책이나 조깅을 하면서 쓰레기를 줍는 환경 운동을 뜻합니다. 여러분이 학교에 갈 때 플로깅을 한다면 건강도 챙기고 자동차를 타지 않으니 화석연료도 적게 사용하는 셈입니다.

두 번째는 채식 위주의 식사를 하는 것입니다. 육식을 좋아하는 사람이 많아지면 더 많은 가축을 키우기 위해 숲이 목장으로 변하겠지요. 게다가 가축 분뇨에서 배출되는 메테인도 늘어날 테니 온실가스의 양이 더욱 증가합니다. 청소년의 식습관을 채식 위주로 바꾸는 것은 매우 어려운 일이지만 개인이 할 수 있는 기후 위기 대응을 위한 가장 효과적인 실천이라 할 수 있습니다.

세 번째는 친환경 상품을 사용하는 것입니다. 친환경 인증

마크가 붙은 제품을 구입하고 재활용 제품을 애용합니다. 쓰레기를 분리 배출하고 일회용품 및 플라스틱 사용을 줄입니다. 이외에도 지역 농수산물을 먹고 물을 아껴 쓰는 등 다양한 실천 방법이 있습니다.

하지만 개인이 노력한다고 해서 기후 위기를 얼마나 막을 수 있을까요? 그 효과는 아주 미미할지도 모릅니다. 9장에서 기후 위기에 대응하기 위해 우리가 무엇을 해야 할지 자세히 이야기해 보도록 하겠습니다.

30초 복습 퀴즈

배운 내용을 찬찬히 떠올리며 아래 빈칸을 채워 보세요.

기후변화 위기에 대응하기 위해서 2015년 12월에 지구 평균기온 상승을 ❶(　　　　　) 이하로 유지하자고 약속한 기후변화 협약을 ❷(　　　　　)이라고 한다. 파리협정을 통해 선진국 및 개발도상국 195개국, 세계 대부분의 나라가 ❸(　　　　　) 배출량을 줄이기로 약속했다. 또 다른 협약으로는 1997년 12월 일본의 교토에서 결정한 기후변화 협약인 ❹(　　　　　)가 있다. 기후변화 위기에 맞서기 위해서는 온실가스 배출량을 감축하는 것과 동시에 기후변화에 적응해야 한다. ❺(　　　　　)이란 기후변화로 발생할 생태계 파괴, 재난 재해 발생 같은 위험에 대비해 피해를 최소화하도록 노력하는 것을 말한다.

정답 ❶ 2도 ❷ 파리협정 ❸ 온실가스 ❹ 교토의정서 ❺ 기후변화 적응

7

화석연료를 대체할 에너지가 있나요?

30초 예습 퀴즈

대체 에너지에 대해 얼마나 알고 있는지 OX 문제를 풀어 보세요.

❶ 'RE100'이란 기업이 사용하는 전력 100퍼센트를 태양광, 풍력 등 친환경적인 재생에너지로 이용하겠다는 글로벌 캠페인이다. (O , X)

❷ 태양광 발전은 태양의 빛에너지를 전기에너지로 바꾸는 발전 방식이다. (O , X)

❸ 태양열 발전은 태양전지를 이용해 전기를 생산한다. (O , X)

❹ 풍력에너지는 바람의 열을 이용해 전기를 생산한다. (O , X)

❺ 바다의 밀물과 썰물에 따른 해수면 높이 차이를 이용해 전기를 만들 수 있다. (O , X)

정답 ❶ O ❷ O ❸ X ❹ X ❺ O

구글, 애플, 페이스북, 스타벅스, 이케아, 레고, 마이크로소프트, 휴먼패커드, 소니, 파나소닉. 이 기업의 공통점은 무엇일까요? 바로 'RE100'을 선언한 기업이라는 것입니다.

❶ RE100이란 'Renewable Energy 100'의 약자로 기업이 사용하는 전력 100퍼센트를 태양광, 풍력 등 친환경 재생에너지로 하겠다는 글로벌 캠페인입니다. RE100에 참여한 기업은 2050년까지 모든 전력을 재생에너지로 사용하는 것을 목표로 하고 있습니다. 미국 캘리포니아에 있는 애플 본사의 경우, 원형으로 지어진 건물 지붕에 태양광 패널을 설치해 재생에너지를 얻고 있

습니다. 아마도 세계에서 가장 많은 태양광 패널이 설치된 지붕일 겁니다. 현재 세계적으로 300개가 넘는 기업이 'RE100' 캠페인에 참여하고 있으며 우리나라도 SK그룹을 시작으로 참여하는 기업이 늘어나고 있습니다. 이처럼 각 나라의 정부뿐 아니라 기업이 앞장서서 화석연료의 사용을 억제하고 기후 위기를 극복하기 위해 노력하고 있답니다. 그렇다면 화석연료를 대체할 재생에너지란 무엇이며 어떤 것이 있을까요?

계속 사용할 수 있는 재생에너지

보통 신재생에너지라는 표현을 많이 쓰는데 '신에너지'란 기존의 화석연료를 변환해 이용하거나 수소, 산소 등을 이용한 화학반응을 통해 전기 또는 열을 이용하는 에너지입니다. 대표적으로 수소에너지나 연료전지가 있습니다. **재생에너지**란 햇빛, 물, 지열, 강수, 생물 유기체 등을 포함하는 재생 가능한 에너지를 변환시켜 이용하는 에너지로서 태양에너지, 풍력에너지, 수력에너지, 해양에너지, 지열에너지, 바이오에너지, 폐기물에너지 등이 있습니다. 신재생에너지로 전기를 생산할 경우의 탄소 배출량은 화석연료를 사용할 때에 비해 현저히 낮습니다. IPCC(기후변화에 관한 정부 간 협의체) 특별 보고서에 따르면 1kWh의 전기를 생산할 때 배출하는 이산화탄소의 양이 석탄은 888그램, 석유는 733그램, 천연가스는 499그램인데 비해 태양광은 85그램, 수력은 26그램, 풍력은 26그램입니다. 따라서 화석에너지에서 신재생에너지로의 전환은 지구 평균기온 상승을 억제하는 데 큰 도움을 줍니다.

현재 신재생에너지 중 가장 발전 가능 용량이 크고 연구가 활발한 것은 태양에너지와 풍력에너지입니다. 그럼 우선, 태양에너지와 풍력에너지를 살펴보고 다른 신재생에너지에 대해서도 살펴보도록 하겠습니다.

무한한 태양에너지

태양은 지구에서 사용하는 모든 에너지의 근원이고 지구에 생명체가 존재할 수 있는 이유입니다. 우리가 뒤에서 다룰 모든 에너지도 사실 태양에너지의 다른 형태일 뿐이랍니다. 태양에너지를 사용하는 방법에는 크게 두 가지가 있습니다. 태양의 빛에너지를 전기에너지로 바꾸는 태양광 발전과 태양열을 직접 이용하는 방법입니다.

❷ 태양광 발전은 태양의 빛에너지를 직접 전기에너지로 바꾸는 발전 방식입니다. ❸ 태양광 발전은 태양전지를 이용하는데, 태양전지는 전기적 성질이 다른 2개의 반도체를 접합시킨 구조입니다. 금속과 반도체의 접촉면 또는 반도체의 접합면이 빛을 받으면 전기가 발생하게 됩니다. 태양전지 하나에서 나오는 전압은 약 0.5볼트로, 매우 낮으므로 태양전지를 직렬과 병렬로 연결해 태양 모듈을 만들어 사용합니다. 모듈을 만들면 원하는 전압과 전류를 낼 수 있을 뿐만 아니라 비바람이나 외부 충격에도 견딜 수 있습니다.

태양광 발전은 무한하고 청정한 에너지인 태양에너지를 이용하고 발전 과정에서 발생하는 이산화탄소의 배출량이 적습니다. 또한 필요한 장소에 필요한 만큼 설치할 수 있다는 장점이 있으며 소음도 없고 폐기물 발생도 없습니다. 시설의 수명도 긴 편이고 유지나 보수도 쉬운 편입니다. 과거에는 초기 투자비나 발전 단가가 높다는 것도 한계였지만 현재 태양광 발전의 기술이 급속도로 발전하면서 태양전지판의 가격과 발전소 설치 비용이 크게 하락하고 있습니다. 현재 화석연료를 이용한 발전과 가격 차이가 없으며 앞으로는 더욱 가격이 내려갈 전망입니다. 여러 국가에서 태양광 보급을 위해 세금 혜택과 보조금 지급 등의 지원 정책을 펴고 있어 태양광 발전은 빠른 속도로 늘어나고 있습니다.

2. 태양열 발전

태양에너지를 이용하는 다른 방법은 지표면에 도달하는 태양의 복사에너지를 열에너지로 변환해 사용하는 것입니다. 그런데 태양의 복사에너지는 단위 면적당 에너지가 적어 태양광을 모을 수 있는 시스템이 필요합니다. 혹시 돋보기나 렌즈로 태양 빛을 모아 본 적이 있나요? 그와 같은 원리라고 할 수 있습니다. 또한 열을 저장하는 시스템도 필요합니다. 이렇게 모아진 열은 온실처럼 식물이 일정한 온도에서 잘 자라게 하는 데 쓰이기도 하고 건물의 냉난방에 쓰이기도 합니다. 태양열을 이용하는 다른 방식으로 태양열 발전도 있습니다. 이것은 태양의 열에너지를 모은 후 그 열로 터빈을 돌려 전기에너지를 얻는 방식입니다. 아쉽게도 태양열 발전은 아직 효율이 높지 않아 기술 개발이 더 필요한 분야입니다.

자연 속 자원, 풍력에너지

태양에 이어 자연의 에너지를 그대로 이용할 수 있는 대표적인 자원이 바로 바람입니다. 인류는 예전부터 다양한 분야에 바람을 활용해 왔습니다. 돛단배나 풍차가 대표적인 예입니다. 네덜란드는 해수면보다 낮은 저지대에 있어 인공 제방을 쌓고 거대한 풍차를 돌려 갇힌 물을 퍼내는 방식으로 간척지를 만들었습니다. 그래서 네덜란드를 풍차의 나라라 부릅니다. 현재는 풍력에너지로 발전을 해 친환경적으로 수소를 만드는 단지를 만들고 있다고 합니다.

❹ 풍력발전은 바람의 에너지를 이용해 전기를 생산하는 발전 방식인데, 바람의 에너지로 날개를 회전시키고 그 회전력을 전기에너지로 전환하게 됩니다. 풍력발전은 바람의 세기가 강한 곳에 설치하는 것이 유리하므로 주로 언덕 위나 바닷가에 설치합니다. 보통 관리하는 사람이 가까이 접근하기 어려워 무인으로 제어할 수 있는 시스템과 모니터링 시스템을 갖추는 경우가 많습니다. 풍력발전도 태양광 발전에 이어 기후 위기를 극복할 대표적인 발전 방식으로 주목받고 있습니다. 에너지원이 무한하고 깨끗하며 초기 설치비를 제외하고는 발전 비용이 거의 들지 않아 경제적입니다. 단점이라면 역시 바람의 세기와 방향에 따

라 발전량의 차이가 있어 발전량을 조절하기 어렵고 가까운 곳에 사는 사람들에게는 소음이 문제가 될 수 있습니다. 육상에서는 풍력발전을 할 수 있는 장소에 한계가 있어 많은 나라가 해상 풍력발전에 관심을 기울이고 있습니다. 바다는 육지에 비해 바람이 지속적으로 강하게 불고 사람들에게 소음 피해를 주지 않는 장점이 있습니다. 설치가 힘들지 않은 수심 5~15미터 정도의 얕은 바다가 적절합니다.

풍력발전도 현재 기술 개발이 빠르게 이루어지고 있어 발전 단가가 급속도로 떨어지고 있으며 다양한 형태의 풍력발전이 새롭게 등장하고 있습니다. 예를 들면 날개가 없는 풍력발전이나 비행선 모양의 풍력발전이 있습니다.

날개 없는 풍력발전기는 스페인의 회사가 개발한 것으로 마치 야구 방망이처럼 생겼습니다. 날개가 회전하는 대신에 바람의 소용돌이 회전에서 생기는 진동에너지를 이용합니다. 해바라기를 닮은 풍력발전기도 있습니다. 천과 같은 막이 바람에 저항하는 힘을 이용해 전기를 생산합니다. 또 높이 올라갈수록 바람의 속도가 빠르고 일정한 것을 이용해 풍력발전기가 달린 비행선을 상공 500미터 높이로 띄우는 방법도 연구하고 있습니다. 이 아이디어는 미국의 회사가 개발한 것으로 가운데 부분이 뚫린 지름 15미터 정도의 원통형 헬륨 비행선을 만들고 안쪽에 회전날개를 설치했습니다. 이 비행선은 생산된 전력을 지상으로 송전하고 바람의 방향이 바뀔 때마다 보조 날개로 비행선의 방향이 바뀌도록 설계되었습니다. 우리나라에서는 쳇바퀴 모양의 풍력발전기가 개발되었습니다. 새로운 모델들은 아직은 발전 규모가 크지 않고 시험 단계여서 개발비가 많이 들지만, 연구가 계속된다면 상용화될 가능성도 있겠지요?

이렇게 기술의 발달에는 창의적이고 혁신적인 아이디어가 계속 필요합니다. 그러니 여러분들도 지구를 살리면서 지속 가능한 발전을 하기 위한 에너지 연구에 꿈을 가지고 도전해 보세요. 미래 에너지를 연구하는 연구원, 정말 멋지지 않나요?

생성물이 깨끗한 수소에너지

1. 수소에너지

우주에 가장 풍부한 원소는 무엇일까요? 바로 수소입니다. 수소 분자(H_2)를 연료로 사용하면 화석연료에 비해 에너지가 많이 발생하고 반응의 생성물로 이산화탄소가 발생하지 않기 때문에 이상적인 연료라 할 수 있습니다. 그러나 지구상에서 수소는 수소 분자 상태로는 거의 존재하지 않고 다른 원소와 결합한 화합물의 형태로 존재합니다. 그래서 화합물로부터 수소를 분리해 사용하는데 현재 산업용으로 쓰이는 수소는 대부분 천연가스나 석유 등의 화석연료로부터 얻고 있어 기후 위기에 대한 대안이 될 수 없는 실정입니다. 또한 수소는 기체인 데다 쉽게 폭발할 수 있어서 저장하거나 운반하는 데 어려움이 있습니다. 현재 수소는 기체 상태로 저장하고 있으나 압축해 액체로 저장하는 방법이나 금속수소화물을 만들어 저장하는 방법을 연구하고 있습니다.

2. 수소 연료전지

수소에너지를 이용하는 더 보편적인 방법은 수소 연료전지입니다. 수소 연료전지가 무엇인지 알아볼까요? 물을 전기분해하면 수소와 산소로 분리됩니다. 반대로 수소와 산소가 결합하면 물이 되는데 이 반응을 이용해 전기를 생산하는 것이 수소 연료전지입니다. 이 반응을 화학반응식으로 나타내면 다음과 같습니다.

$$2H_2 + O_2 \rightarrow 2H_2O$$

수소 연료전지는 수소가 산화되어 물이 생성되는 반응의

화학에너지를 전기에너지로 전환하는 장치입니다. 연료전지는 연료인 수소를 공급하는 연료 전극(+극), 산소를 공급해 주는 공기 전극(-극), 전해질로 구성되어 있습니다. 연료전지의 원리는 다음과 같습니다.

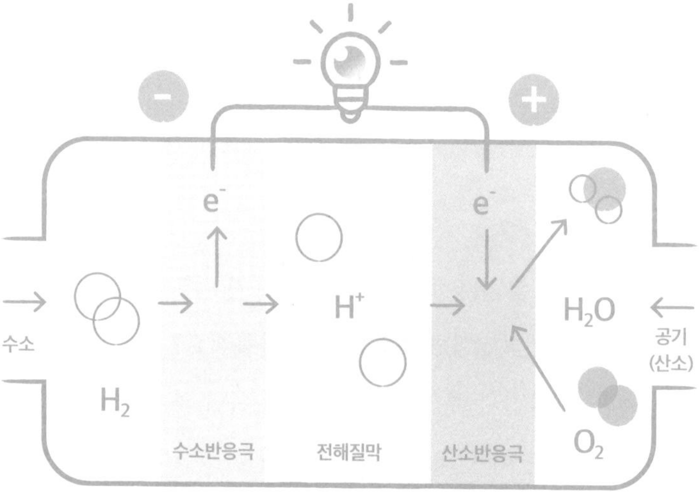

수소 연료전지의 원리

1. 연료 전극에 수소를 공급하면 수소는 전자를 잃고 수소 이온이 됩니다. 수소 이온은 전해질을 통해 공기 전극으로 이동합니다.

2. 이때 수소에서 분리된 전자가 도선을 통해 연료 전극에서 공기 전극으로 이동하면서 전류가 흐릅니다.
3. 공기 전극에서 수소 이온, 전자, 산소가 결합하면서 물이 생성됩니다.

연료전지에서 배출되는 물질은 물밖에 없습니다. 연료전지는 이산화탄소 같은 오염 물질을 배출하지 않지요. 그냥 수소를 태우는 방식보다 열 손실이 적어 에너지 효율이 높고 소음도 발생하지 않으며 전자기기부터 주택이나 건물, 대형 발전소까지 적용이 가능하다는 장점이 있습니다.

현재 대기오염을 줄이고 이산화탄소 발생량을 줄이기 위한 미래형 자동차로서 전기차와 함께 주목받고 있는 것이 수소 연료전지차입니다. 수소 연료전지차는 자동차만 개발되어서는 소용이 없습니다. 연료인 수소를 필요할 때마다 공급할 수 있도록 수소 충전소가 전국에 세워져야 하고 충분한 수소가 공급되어야 합니다. 우리나라는 수소 연료전지차 개발을 주도하고 있으며 정부에서도 지원하고 있습니다. 수소에너지는 재생에너지가 아닌 신에너지로서, 현재로는 화석연료를 대체할 대안으로 보기 힘들지만 친환경적으로 수소를 얻을 수 있는 경제적인 방법이 개발된다면 미래의 에너지로 떠오를 수 있습니다.

땅속의 뜨거운 지열에너지

지구의 지표면은 온도가 쉽게 변합니다. 낮에 태양 빛을 받으면 온도가 올랐다가 밤에는 온도가 내려가지요. 또 태양 빛을 많이 받는 여름에는 온도가 높고 겨울이면 온도가 내려갑니다. 그런데 땅속은 어떨까요? 땅속으로 조금만 내려가도 암석이나 지하수가 열을 보전하는 역할을 해서 따뜻한 온도가 유지됩니다. 또 깊이 내려갈수록 땅속의 마그마로 온도가 올라가는데요. 땅속으로 100미터 내려갈 때마다 온도가 3~4도씩 올라갑니다. 이렇게 땅이 가지고 있는 열을 **지열**이라고 합니다. 인류는 오래전부터 지열을 이용해 왔습니다. 겨울이면 더 생각나는 온천이 그 대표적인 예입니다. 고대 로마인들은 온천을 이용해 목욕도 즐기고 난방도 했다고 합니다. 아이슬란드나 터키, 일본처럼 화산대에 있는 나라들도 예로부터 온천이 발달했지요. 현재는 지열을 더욱 과학적으로 활용해 건물의 냉난방에 활용하고 있습니다. 지열을 이용하면 더운 여름에는 실내의 열을 지층으로 보내어 냉방을 하고 추운 겨울에는 지열을 흡수해 난방을 할 수 있습니다.

이렇게 지열을 직접 이용하는 방법 외에 지열에너지를 이용해 전기를 생산하는 지열발전도 있습니다. 아직 많은 나라에 보급되지는 않았으나 아이슬란드, 이탈리아, 뉴질랜드, 일본, 미국, 멕시코, 러시아 등의 나라에서 지열발전소를 운영하고 있습니다. 지열발전의 장점은 태양광이나 풍력에 비해 날씨에 따른 변수가 적고 언제든 이용할 수 있다는 것입니다. 지역 특성에 따라 지열을 적절하게 활용하는 방법을 찾는다면 발전 가능성이 있는 에너지입니다.

아이슬란드의 예를 들어 볼까요? 아이슬란드는 유럽의 북서쪽에 있는 섬나라로 화산이 많고 이름처럼 빙하가 많은 나라입니다. 아이슬란드에는 휴화산과 활화산을 합쳐서 130여 개의 화산이 있습니다. 그리고 2~3킬로미터만 지하로 내려가도 뜨거운 물이 흐르고 있습니다. 아이슬란드의 레이캬네스 발전소의 경우, 지하 2,700미터 지점에서 끌어올린 240도의 지하수로부터 증기를 추출해 터빈을 돌려 발전을 하고 남은 물은 가까운 케플라비크 국제공항이나 수도 레이캬비크 등으로 보내 온수로 사용합니다. 자연환경을 아주 잘 이용해 90퍼센트 이상의 가구와 빌딩이 화석연료 없이 자연적으로 데워진 온수를 사용하고 있지요.

삼면이 바다인 우리나라는 바다가 제공하는 다양한 해양에너지를 이용할 수 있습니다. 해양에너지를 이용해 전기를 얻는 방식에는 조력, 파력, 조류, 온도차 발전 등이 있습니다.

파력발전은 파도의 운동을 이용해 전기에너지를 생산하는 기술입니다. 파력발전은 파도의 힘으로 직접 터빈을 돌리는 방법과 파도에 따른 해수면의 높이 차이를 이용해 터빈을 돌리는 방식으로 나눌 수 있습니다. 현재 우리나라 제주도에 시험 설치된 파력발전소에서는 해수면의 높이 차이로 공기를 압축해 터빈을 돌리는 방식을 사용합니다. 파력발전은 자연의 파도를 이용하므로 영구적으로 사용할 수 있고 부산물이 없고 유지 비용도 크게 들지 않습니다. 다만 적절한 장소를 구하기 어렵고 발전 효율이 낮아서 한계가 있습니다.

❺ 조력발전은 밀물과 썰물에 따른 해수면의 높이 차이를 이용해서 전기를 생산하는 기술입니다. 조수 간만의 차이가 큰 곳에 제방을 쌓고 밀물 때 바닷물을 가두었다가 썰물 때 바닷물을 흘러가게 해 수위 차이로 터빈을 돌려 전기를 얻습니다. 조력발전은 파력발전에 비해 비교적 날씨나 계절에 관계없이 발전이 가능하고 조수 간만의 차를 알면 발전량 예측이 가능합니

다. 그러나 장소 제약이 크고 초기 비용이 많이 드는 점이 단점입니다. 우리나라 안산에 위치한 시화호 조력발전소는 세계 최대 규모의 조력발전소이니 관심이 있다면 방문해 보는 것도 좋습니다.

조류 발전은 해수의 이동에 따른 에너지를 이용해 전기를 생산하는 기술입니다. 이순신 장군이 명량대전을 펼쳤던 격전지, 유속이 빠른 울돌목에서 조류발전소가 시험 운영 중입니다. 온도차발전은 해양 표면의 따뜻한 물과 심해의 차가운 물의 온도 차이를 이용해 전기를 생산하는 기술입니다. 해양에너지는 아직 개발 초기 단계로 연구가 더 필요합니다.

재생에너지의 현재와 미래

2019년 OECD 국가별 발전량 중 재생에너지 점유율을 보면 아이슬란드의 경우 100퍼센트입니다. 화산과 폭포가 많은 섬나라 아이슬란드는 지역의 특성을 살려 수력, 지열, 풍력 발전으로 모든 전기를 생산하고 있습니다. 화석연료를 줄이고 재생에너지를 활용하는 대회가 있다면 1등은 아이슬란드라고 할 수 있겠죠. 2등은 노르웨이, 3등은 룩셈부르크로 80퍼센트 이상의 전기를 재생에너지로 생산하고 있습니다. 그 뒤를 이어 리투아니아, 뉴질랜드, 덴마크, 오스트리아, 캐나다, 스위스, 스웨덴, 포르투갈, 라트비아도 50퍼센트 이상의 전기를 재생에너지로 생산하고 있습니다. 이러한 나라들도 처음부터 재생에너지 사용량이 많았던 것은 아닙니다. 화석연료를 줄이고 재생에너지를 활용하기 위해 자연환경에 맞는 발전 방식을 연구하고 실천해 이룬 성과입니다. 그럼 우리나라는 과연 몇 위일까요? 조사 대상 중 최하위이고 재생에너지 점유율은 4.5퍼센트에 불과합니다. 물론 우리 정부도 에너지 전환 로드맵을 수립하고 2030년까지 신재생에너지 발전 비율을 20퍼센트까지 확대하겠다는 계획을 발표했지만 다른 나라에 비하면 아직도 갈 길이 멀어 보입니다.

그리고 또 하나 생각해야 할 점이 있습니다. 통계를 보면 우리나라의 신재생에너지의 사용량은 부족하나마 조금씩 증가해 왔습니다. 그런데도 그동안 이산화탄소 발생량은 줄어들기는커녕 더 늘어났습니다. 왜 그럴까요? 전체 에너지 사용량이 증가했기 때문입니다. 그러므로 화석연료를 대체해 재생에너지로 전기를 생산하더라도 에너지 사용량 자체를 줄이지 않는다면, 기후 위기를 막을 수 없다는 사실을 유념해야 합니다. 그리고 부분적인 에너지 전환만으로 기후 위기를 극복하기에는 한계가 있다는 점도 분명히 깨달아야 합니다. 그러면 어떻게 해야 할까요? 다음 장에서 우리의 미래인 그린뉴딜에 대해 살펴보도록 합시다.

30초 복습 퀴즈

배운 내용을 찬찬히 떠올리며 아래 빈칸을 채워 보세요.

이산화탄소 배출량을 줄이기 위해서는 석유, 석탄, 천연가스와 같은 ❶(　　　　　) 사용을 줄이고 대신 이산화탄소 발생량이 적고 친환경적인 에너지를 사용해야 한다. 이러한 에너지를 ❷(　　　　　　　)라고 부른다. 현재 신재생에너지 중 가장 발전 가능 용량이 크고 연구가 활발한 것은 ❸(　　　　　)에너지와 ❹(　　　　)에너지다. 또한 자동차에 적용해 대기오염을 막을 수 있는 친환경적인 에너지로 주목받고 있는 기술로, 수소가 산화되어 물이 생성되는 반응의 화학에너지를 전기에너지로 전환하는 장치를 ❺(　　　　　　　)라고 한다.

정답 ❶ 화석연료 ❷ 신재생에너지 ❸ 태양광 ❹ 풍력 ❺ 수소 연료전지

8

기후 위기의 대안,

그린뉴딜이 뭔가요?

30초 예습 퀴즈

기후 위기 대안에 대해 얼마나 알고 있는지 OX 문제를 풀어 보세요.

❶ 루즈벨트 대통령은 미국에 닥친 경제 위기를 극복하기 위해 뉴딜 정책을 시행했다. (O , X)

❷ 스마트그리드는 중앙집중형 전력망 시스템이다. (O , X)

❸ 탈탄소 교통정책을 위해서는 내연기관 자동차를 전기차, 수소차로 바꾸는 것에 그치지 말고 친환경 대중교통을 늘려야 한다. (O , X)

❹ 에너지 제로 건축에는 패시브 기술과 액티브 기술이 포함된다. (O , X)

❺ EU는 정부 주도의 프로젝트인 그린딜을 발표하고 탄소 감축 목표를 설정했다. (O , X)

정답 ❶ O ❷ X ❸ O ❹ O ❺ O

문재인 대통령은 2020년 10월 28일, 국회 시정연설에서 "국제사회와 함께 기후변화에 적극 대응해 2050년 탄소 중립을 목표로 나아가겠다"라고 선언했습니다. **탄소 중립**(carbon neutrality)이란 이산화탄소를 배출한 만큼 흡수하는 대책을 세워 이산화탄소의 실질적인 배출량을 0(제로)으로 만든다는 개념입니다.

그런데 2050년까지 탄소 중립을 이루려면, 전 세계가 10년 안에 탄소 배출량을 2010년의 절반 수준으로 줄여야 합니다. 이는 생활 수준을 30년 정도 후퇴시키는 것에 해당합니다. 코로나19의 영향으로 모든 경제 활동이 위축되면서 탄소 배출량이 최초로 감소했던 2020년에도 그 정도의 감축은 이루지 못했습니다. 탄소 중립을 위해서는 사회 전체가 탈탄소 전략을 짜서 능동적으로 탄소 배출을 줄이면서도 우리의 삶은 안정화할 수 있는 방안이 필요합니다.

기후 위기를 극복할 탈탄소 사회·경제 시스템을 만들면서 사회적인 불평등 문제도 해소할 해결책으로 제시된 것이 바로 **그린뉴딜**입니다. 그린뉴딜은 모두가 함께해야 합니다. 그래서 그린뉴딜의 철학과 방향에 대한 시민들의 공유와 합의가 꼭 필요합니다. 그러면 이제 그린뉴딜을 자세히 살펴보도록 하지요.

지구를 지키는 그린뉴딜의 시작

기후 위기의 대안으로 떠오른 그린뉴딜(Green New Deal), 이 용어를 처음 쓴 사람은 누구일까요? 미국의 언론인인 토머스 프리드먼입니다. 2007년, 프리드먼은 〈뉴욕 타임스〉 기사에서 "루즈벨트 대통령이 뉴딜 정책을 통해 경제 위기를 극복한 것처럼 그것의 녹색 버전을 수행하면 깨끗한 전력 산업을 만들어 경제를 21세기로 이끌어갈 수 있다"라고 했습니다. 그럼 루즈벨트 대통령의 뉴딜 정책은 무엇일까요?

➊ 1929년 미국에 '대공황'이라는 경제 불황이 닥쳤을 때, 루즈벨트 대통령은 뉴딜 정책을 펼쳐 극복했습니다. 대규모의 정부 재정을 투입해 적극적으로 제도를 개선하고 사회를 개혁한 것입니다. 그리고 댐이나 도로 건설과 같은 대규모 공공사업을 벌여 실업자들에게 일자리를 제공하면서 새로운 사회에 필요한 공적인 인프라를 구축했습니다. 그러니까 프리드먼은 루즈벨트 대통령이 뉴딜 정책을 실시해서 경제 위기를 극복한 것처럼, 기후 위기를 극복하기 위해서 새로운 뉴딜 정책이 필요하다고 생각한 것입니다. 이듬해인 2008년에 영국의 그린뉴딜그룹이 프리드먼의 아이디어를 구체화해 금융 위기, 기후변화, 고유가의 삼중 위기를 해결하고 저탄소 경제로 발전하기 위한 전략으로 그린뉴딜을 제시했습니다.

그린뉴딜과 기존의 뉴딜 정책의 가장 큰 공통점은 사회와 경제 시스템을 한꺼번에 바꾸는 전환이 필요하다는 것입니다. 사회에서 쓰이는 주요 에너지원이 바뀌고 거기에 따르는 인프라와 산업이 통째로 바뀝니다. 그러기 위해서는 정부의 재정이 투입되어야 하고 법이 제정되어야 합니다. 또 새로운 산업이 만들어지면서 새로운 일자리가 많이 생깁니다.

반면 차이점도 존재합니다. 뉴딜 정책은 경제 위기를 극복하기 위한 정책이었지만 그린뉴딜은 기후 위기와 경제 문제를 함께 해결하기 위한 정책입니다. 그린뉴딜도 경제 정책을 펴지만 GDP 성장만을 좇는 경제 전략을 쓰지는 않습니다. 생활의 질도 유지하면서 지속 가능한 형태로 국민의 삶을 향상시키는 성장을 추구합니다.

그러니까 쉽게 말하면 '그린뉴딜'은 '뉴딜'의 녹색 버전인 셈입니다. 환경문제를 일으키지 않으며 가난한 사람들을 소외시키지 않는 방식으로 사회 시스템을 바꾸는 '그린'을 추구하되, 대규모 정부 사업으로 일자리를 만들고 경제를 살리는 '뉴딜'을 추구하는 것이지요.

그린뉴딜의 기본 정책

그린뉴딜은 나라에 따라 구체적인 정책의 이름이 조금씩 다릅니다. 미국, 한국은 그린뉴딜이라는 용어를 쓰지만 EU는 그린딜(green deal)이라는 용어를 씁니다. 그린 리커버리(green recovery), 그린 그로스(green growth) 등의 용어를 사용하기도 합니다.

각 나라의 그린뉴딜에서 추진하는 과제들이 조금씩 다르지만 공통적으로 포함하는 것이 있습니다. 바로 탄소 제로 전력, 탄소 제로 교통, 탄소 제로 건물, 탄소 제로 산업을 위한 정책입니다.

1. 탄소 제로 전력

그린뉴딜 정책의 기본은 화석연료 기반의 사회에서 재생에너지를 기반으로 하는 사회로 전환하는 것입니다. 그중 일차적으로 사회에서 쓰이는 모든 전기를 재생에너지로 전환한다는 것이 대부분 국가의 목표입니다. 그런데 재생에너지만으로 전력을 생산하는 것이 가능할까요? 아이슬란드나 덴마크처럼 이미 100퍼센트에 가깝게 달성한 나라가 있으니 불가능하지는 않습니다. 그러나 자연환경이 다른 우리나라에서도 가능할까요?

스탠포드대학의 마크 제이콥슨 교수는 우리나라를 비롯한 대부분의 나라에서 태양광과 풍력, 수력만으로 필요한 에너지를 100퍼센트 충당할 수 있다고 분석했습니다. 가격면에서 보면 이미 많은 나라에서 태양광과 풍력이 가장 저렴한 에너지가 되었고, 나머지 나라에서도 10년 안에 가장 저렴한 에너지가 될 전망입니다. 또한 해상 풍력을 설치하거나 건물이나 공용 부지에 태양광 패널을 설치하는 방법으로 충분히 재생에너지를 늘려갈 수 있을 것입니다.

재생에너지만으로 전력을 공급한다고 했을 때 가장 문제가 되는 것은 '간헐성'입니다. 태양광이나 풍력 같은 재생에너지는 시간이나 날씨에 따라 전력량에 차이가 생겨 안정적인 전력 공급이 어렵다는 것입니다. 이를 보완하기 위해서는 남는 전기를 저장할 수 있는 에너지 저장 장치 개발이 필요하고 전력망 개선이 필요합니다.

예를 들어 꼭 필요한 만큼 전기를 생산하거나 생산량을 예측해 거기에 맞춰서 사용할 수 있다면 효율적인 이용이 가능할 것입니다. 거기에 꼭 필요한 기술이 **스마트그리드**(smartgrid)입니다.

현재의 전력망은 중앙 집중형입니다. 대규모 발전을 통해 전기를 생산한 후 전력망을 통해 소비자에게 공급합니다. 멀리까지 전력을 보내기 위해서 고전압을 이용합니다. 전력 수요를 예상하고, 미리 준비해야 하기 때문에 불확실한 상황에 대처할 수 있는 예비 전력(예비력)을 15퍼센트 정도 준비해야 합니다. 현재 전체 전력 수요는 확인할 수 있지만 개별 가정, 건물 등의 전력 소비 데이터는 세밀하게 알지 못합니다. 반면 스마트그리드는 전력망에 정보 통신 기술을 융합한 새로운 시스템으로 소비자와 전력 회사가 쌍방향으로 정보를 주고받으며 실시간으로 전기 사용량과 공급량, 전력선의 상태를 알 수 있습니다. 전력 회사는 전력 사용 현황에 따라 전기 생산을 조절해 전력 사용이 적은 시간대에는 전력 생산을 줄이거나 남는 전력을 저장할 수 있습니다. 전기 요금은 상황에 따라 실시간으로 변할 수 있는데, 소비자는 전자 제품이 전기 요금이 싼 시간대에 자동으로 작동하도록 세팅할 수도 있습니다.

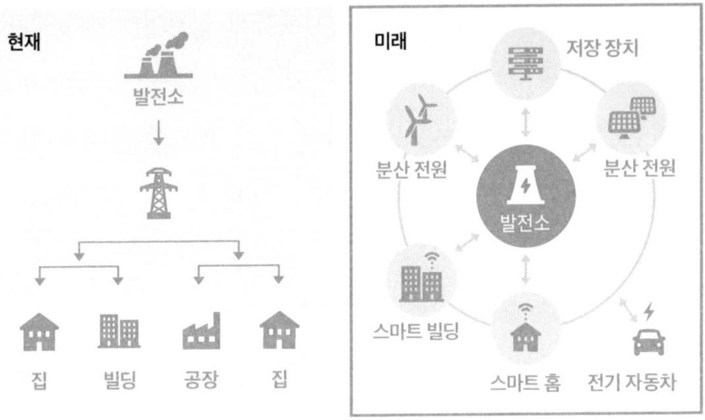

스마트그리드에 따른 변화

또한 소비자가 재생에너지 발전 설비를 갖춘 경우, 사용하고 남는 재생에너지를 전력회사에 팔 수도 있습니다. 이렇게 소비자와 공급자의 역할을 모두 하는 사람을 프로슈머라고 합니다. ❷ 프로슈머는 양방향 전력망을 통해 전력 생산과 소비를 모두 할 수 있습니다. 자체적으로 전기를 생산하는 분산형 지역 재생에너지가 해당 지역의 전기 수요를 모두 충당할 수 있을 때, 해당 전력망을 '마이크로그리드(microgrid)'라고 합니다. 마이크로그리드와 스마트그리드는 효율적인 재생에너지 사용에 꼭 필요한 인프라로 이를 구축하는 데 정부나 지자체의 지원이 필요합니다. 그러나 프로슈머로서 주민이 주체가 되어야 하는 만큼 그린뉴딜 정책에는 지역에서 새롭게 설치되는 태양광, 풍력을 지역공동체의 소유로 하거나 일정한 지분을 갖도록 하는 방안이 포함되어 있습니다. 모두가 전기 생산의 주체가 되고, 생산에 기여한 만큼 이익을 공유하는 형태로 볼 수 있습니다.

2. 탄소 제로 교통

자동차의 경우, 휘발유나 경유를 연료로 씁니다. 탄소화합물인 휘발유, 경유가 산소와 결합해 연소하면 그 결과 이산화탄소가 발생합니다. 그러므로 온실가스를 감축하기 위해서는 화석연료를 쓰는 내연기관 자동차 운행을 중지해야 합니다. 이미 여러 나라에서 10년 안에 내연기관 자동차의 신규 판매와 수입을 중단하겠다는 정책을 발표했습니다. 그린뉴딜에서는 내연기관 자동차를 전기 자동차나 수소 자동차와 같은 친환경 자동차로 대체하기 위한 정책이 실시됩니다.

전기차는 전기로 운행됩니다. 연료가 필요 없으니 운행 중에 온실가스가 발생하지 않습니다. 필요한 전기는 충전소에서 충전해 배터리에 저장하면 됩니다. 수소차는 수소 연료전지에서 나오는 전기를 이용하므로 역시 운행 중에 온실가스를 발생하지 않습니다. 연료전지에 필요한 수소는 충전소에서 충전하면 됩니다.

친환경 자동차 시장 활성화를 위한 구체적인 정책으로는 친환경 자동차에 대한 세금 공제나 보조금 지급, 충전소 설치 등이 있습니다.

그러나 내연기관 자동차를 전기차나 수소차로 바꾸기만 하면 문제가 해결될까요? 개인이 너무 많은 자동차를 소유하고 자동차 운행으로 교통 시스템에 과부하가 걸리는 것도 문제입니다. ❸ 궁극적으로 지속 가능한 발전을 위해서는 자동차 소유를 줄이고 친환경 대중교통 시스템을 누구나 손쉽게 이용하도록 유도해야 합니다. 자동차를 이용하는 경우에도 공유 자동차를 이용하도록 해야 합니다.

예를 들면 여러 도시에서 버스와 지하철을 무료로 운행하는데, 시민들의 호응이 좋아 이용률이 많이 늘었다고 합니다. 시민들이 무료로 이용하는 대신 정부나 지자체에서 비용을 부담하면 됩니다. 또한 도심 혼잡을 줄이기 위해 도심에서 자동차를 이용하는 경우 혼잡세를 걷는 방법도 실시하고 있습니다. 기본적으로 걷기 좋은 도시를 만들고, 친환경 대중교통을 누구나 쉽게 이용할 수 있게 하고, 자동차 운행을 줄이는 정책을 쓴다면 도시의 교통량을 줄일 수 있습니다. 이를 통해 기후변화뿐 아니라 대도시의 만성적인 대기오염 문제도 해결할 수 있고 모든 시민에게 평등한 이동권을 부여할 수 있습니다. 이를 위해서는 지속 가능하고 새로운 교통 시스템을 만들어야 합니다.

3. 탄소 제로 건물

건물에서 배출되는 온실가스는 전체 배출량의 36퍼센트를 차지합니다. 오래된 건물은 대부분 에너지 효율이 매우 떨어집니다. 그래서 그린뉴딜에서는 노후된 건물을 개조하는 정책을 추진합니다. 또한 앞으로 지어질 건축물에 대해서 의무적으로 '제로 에너지 건축물(Zero Energy Building)'을 짓도록 하고 있습니다. ❹ 제로 에너지 건축물이란 외부에서 유입되는 에너지가 거의 없는 미래형 건축물을 말하는데, 크게 패시브 기술과 액티브 기술의 두 가지를 접목해 이루어집니다. 패시브 기술은 열을 차단하는 단열 시스템을 보강해 에너지 손실을 최소화함으로써 에너지 효율을 높이는 것입니다. 예를 들면 온도 변화가 쉽게 일어나지 않는 단열재를 건축물의 외벽에 설치해 건물의 온도 변화를 막거나 3중 유리로 된 창호를 이용합니다. 또 폐열 회수 환기 시스템을 이용해 창문을 열지 않고도 실내외 공기를 순환시킵니다. 이렇게 해서 에너지 효율이 뛰어난 건물을 만들면 건물에 필요한 에너지가 획기적으로 줄어들게 됩니다.

그다음 액티브 기술은 패시브 기술의 적용으로 줄어든 건물의 에너지를 태양광, 지열 등의 재생에너지로 충당하는 것입니다. 건물에 태양광 패널을 설치해 전기에너지를 이용하거나 지열 냉난방 시스템을 설치해 더운 여름에는 건물의 실내 열기를 지하로 방출하고 추운 겨울에는 상대적으로 따뜻한 지열을 추출해 난방에 활용할 수 있습니다. 제로 에너지 건축물은 건물마다 재생에너지의 생산과 저장을 따로 하는 것보다 공동으로 하면 더욱 효율적이므로 마을 단위로 묶어서 주택, 재생에너지 발전 시스템, 전력망을 함께 계획하는 것이 좋습니다.

4. 탄소 제로 산업

산업은 에너지와 함께 탄소 배출량 비중이 가장 높은 부문입니다. 산업 부문의 온실가스는 석탄, 석유, 가스, 전기 등의 에너지를 소비하는 과정과 산업 공정에서 배출됩니다. 온실가스 배출량을 줄이기 위해 기존의 공정을 탄소 배출이 적은 공정으로 바꾸는 방법을 생각할 수 있습니다. 예를 들어 철강 산업은 탄소 배출이 많은 대표적인 산업입니다. 철을 환원시키기 위해 지금까지는 환원제로 코크스(석탄)를 사용해 왔습니다. 이 반응은 생성물로 철과 함께 이산화탄소가 발생합니다. 이 공정에서 환원제를 수소로 바꾸어 주면 생성물로 철과 물이 생성되게 되므로 탄소 배출을 줄일 수 있습니다.

현재 공정

$$2Fe_2O_3\text{(철광석)} + 3C\text{(석탄)} \rightarrow 4Fe\text{(철)} + 3CO_2\text{(이산화탄소)}$$

수소환원제를 사용한 공정

Fe_2O_3(철광석) + $3H_2$(수소) → 2Fe(철) + $3H_2O$(물)

물론 이 경우도 수소를 얻는 방법에서 탄소 배출을 하지 않는 방법을 이용해야 하겠지요. 이렇게 산업 공정을 바꾸는 방법 외에도 산업에서 필요한 연료를 화석연료 대신 바이오매스와 같은 재생에너지로 대체하거나 탄소를 포집하는 기술(CCUS)을 이용하는 방법, 산업폐기물을 다시 원료로 사용하는 방법 등이 논의되고 있습니다. 이러한 새로운 기술 개발을 정책적으로 지원해야 합니다.

여러 나라의 그린뉴딜

글로벌 경제에 가장 큰 영향을 미치는 세 그룹인 미국, EU, 중국을 흔히 세 마리 코끼리에 비유합니다. 이 세 마리 코끼리가 그린뉴딜을 어떻게 추진하느냐에 따라 세계 경제는 급속한 변화를 겪을 것입니다. 이미 그 변화는 시작되었습니다. 미국, EU, 중국의 그린뉴딜 추진 경과를 함께 살펴보고 우리나라는 어떤지 살펴보겠습니다.

1. 미국의 그린뉴딜

미국은 온실가스 배출량 세계 2위, 1인당 온실가스 배출량 세계 1위인데도 자국의 이익을 위해 기후변화 이슈에 소극적이었습니다. 심지어 2019년 11월, 트럼프 대통령은 파리협정이 미국 경제에 악영향을 미친다며 협정을 탈퇴했지요. 그러나 바이든 대통령이 취임하면서 파리협정에 재가입을 하고 '2050년 탄소 중립'을 선언했습니다. 이제 미국이 기후 위기 대응에 적극적으로 나섬에 따라 저탄소 경제로의 변환이 급격히 이루어질 전망입니다. 이와 함께 미국은 '바이 아메리카' 정책을 통해서 자국에서 생산된 제품을 구매하도록 유도하고 수입품에 대해서는 엄격한 탄소 감축 기준을 적용할 것으로 예상됩니다.

2. EU의 그린딜

EU는 하나의 국가가 아니라 유럽 여러 나라의 연합체인데, 가장 먼저 탄소 중립을 선언하고 발 빠르게 정책을 실행하고 있습니다. ❺ EU는 2019년 12월, 그린딜을 발표하면서 2030년까지 탄소 배출 감축 목표를 55퍼센트로, 재생에너지 이용 비중을 33.7퍼센트로 상향 조정했습니다.

그린딜에서 주목할 것은 EU가 추진 중인 탄소 국경 조정 매커니즘(Carbon Border Adjustment Mechanism)입니다. 줄여서

탄소 국경세라고 부르는 이 제도는 각 나라가 서로 다른 수준의 탄소 배출 감축 목표를 설정할 경우 탄소 배출을 줄일 수 없다고 생각해 이를 막기 위해 도입되었습니다. 예를 들어 탄소 배출에 대한 규제가 강한 나라가 규제를 피해 다른 나라에서 제품을 생산하고 다시 그 제품을 들여오는 경우, 불공정한 무역이 될 수 있다는 것입니다. EU의 국가들에게 탄소 배출에 대한 엄격한 기준을 매겨 탄소세를 걷는 한편, 수입품에 대해서도 그 물품의 생산 과정에서 발생하는 이산화탄소 배출량에 따라 세금을 매기겠다는 것이죠. 탄소 국경세는 2023년부터 단계적으로 도입될 예정입니다. 탄소 국경세를 걷기 위해서는 모든 제품의 생산 과정에서 탄소 배출을 계산해야 합니다. EU는 이러한 작업을 착실히 해 오고 있습니다. 탄소 국경제는 EU에 제품을 수출하는 모든 나라에 영향을 미치는 것이므로 우리나라도 이에 대한 대비가 필요합니다. EU는 미국과 협력하거나 때로 경쟁하면서 기후변화 대응을 선도해 나갈 것입니다.

3. 중국의 탄소 중립 목표

중국은 세계 1위의 탄소 배출국임에도 기후변화 **이슈**에 대해 그동안 적극적으로 행동하지 않았습니다. 기후 위기를 초래한 것은 선진국이므로 개발도상국인 중국은 아직 탄소 감축을 할 여력이 없다고 주장해 왔습니다. 그러나 2020년 9월에, 입장을 바꾸어 2060년까지 탄소 중립을 달성하겠다는 목표를 발표했습니다. 다른 나라에 비해 탄소 중립 달성 목표 시기가 10년이 늦지만 세계 경제를 좌지우지하는 세 마리 코끼리 중 하나인 중국이 기후 위기 극복에 적극적으로 나섰다는 것에 의미가 큽니다.

중국이 스스로 정한 목표를 달성하기 위해서는 지금까지 해온 것보다 훨씬 빠른 속도로 온실가스를 감축해야 합니다. 특히 중국은 전력 생산의 65퍼센트를 석탄에 의존하고 있고 전 세계 석탄 소비의 절반 이상을 차지하고 있습니다. 이러한 상황을 극복하기 위해 재생에너지 발전량을 빠르게 늘려가고 있습니다. 현재 전 세계 신재생에너지 발전소 중 40퍼센트가 중국에 있을 정도이며 전 세계 태양광 발전 사업과 풍력 사업을 주도하고 있습니다. 중국은 앞으로 저탄소 기술의 최대 시장이면서 최대 수출국이 될 가능성이 큽니다.

4. 우리나라

우리나라는 2020년 10월 중국, 일본과 비슷한 시기에 탄소 중립 선언을 했습니다. 또한 정부는 2020년 7월에 한국판 뉴딜 종합 계획을 발표했습니다. 한국판 뉴딜의 특징은 디지털 뉴딜과 그린뉴딜의 두 가지 정책을 동시에 추구한다는 것입니다. 경제 전반에 걸쳐서 디지털 혁신을 이루겠다는 목표와 친환경적인 저탄소 기반의 경제로 전환하겠다는 두 가지 목표를 함께 이루겠다는 것입니다.

한국은 1인당 온실가스 배출량이 세계 4위입니다. 이산화탄소 배출량이 계속 증가해서 국제사회에서 '기후 악당'이라는 말을 들어 왔습니다. 2050년까지 탄소 중립을 실현하려면 지금부터 어마어마한 속도로 탄소 배출을 줄여 나가야 합니다. 이에 대한 정책이 발표되긴 했지만 그에 따르는 정부 재정 투자와 제도 개선, 법 정비, 정책 실현이 신속하게 이루어져야 합니다. 새로운 경제 체제로 빠르게 전환하지 않는다면, 우리나라는 기후 위기를 막을 수도 없거니와 세계 경제에서 경쟁력을 잃을 것입니다.

꼭 필요한 시민 참여

에너지 전환에서 중요한 것이 탈탄소화(Decarbonization), 분산화(Decentralization), 디지털화(Digitalization), 그리고 민주화(Democracy)입니다. 지역마다 자연환경, 산업, 주거 형태 등이 다르므로 지역의 고유한 특성이 반영된 에너지 전환 모델을 지자체와 지역 주민이 직접 참여해 만들어 나가는 것이 바람직합니다. 마을마다 특화된 친환경 커뮤니티 모델이 있고 그것이 자연스럽게 확산되어 사회가 변화하는 것이 가장 좋은 경우겠지요. 코로나 위기가 우리의 삶을 변화시켰듯이 지금의 기후 위기도 전반적인 변화를 시도할 수 있는 마지막 기회입니다. 우리에겐 아직 위기를 기회로, 절망을 희망으로 바꿀 시간이 있습니다.

30초 복습 퀴즈

배운 내용을 찬찬히 떠올리며 아래 빈칸을 채워 보세요.

이산화탄소의 실질적인 배출량을 0으로 만드는 것을 ❶(   ) 이라고 한다. 이는 기후 위기를 극복하는 핵심 개념이다. 탈탄소 사회 시스템을 만들어서 지속 가능한 발전을 가능하게 하는 정책을 ❷(   ) 이라고 한다. 화석연료 기반의 사회에서 태양광, 풍력, 지열 등의 ❸(   ) 기반의 사회로 전환하는 것이다. 이 시스템을 정착시키기 위해서는 소비자와 전력회사가 쌍방향으로 정보를 주고받으며 필요한 만큼만 전기를 생산하는 시스템인 ❹(   ) 기술이 꼭 필요하다. 탈탄소 사회를 만들기 위한 노력은 세계적으로 진행 중이다. 유럽연합에서는 2023년부터 이산화탄소 배출량에 따라 세금을 매기는 ❺(   )를 도입할 예정이다.

정답 ❶ 탄소 중립 ❷ 그린뉴딜 ❸ 재생에너지 ❹ 스마트그리드 ❺ 탄소 국경세

9

기후 위기를 극복하려면

어떤 노력이 필요한가요?

30초 예습 퀴즈

기후 위기에 맞서는 노력에 대해 얼마나 알고 있는지 OX 문제를 풀어 보세요.

❶ 스웨덴의 청소년, 그레타 툰베리는
'기후를 위한 등교 거부'를 처음 시작했다. (O , X)

❷ 교통수단의 이산화탄소 배출량은
비행기, 기차, 자동차 순으로 많다. (O , X)

❸ 소가 트림할 때 나오는 메테인도 온실가스다. (O , X)

❹ 우리나라의 발전량 중
가장 많은 비율을 차지하는 것은 원자력이다. (O , X)

❺ 우리나라 헌법에는 모든 국민은 건강하고 쾌적한 환경에서
생활할 권리를 가지며, 국가와 국민은 환경 보전을 위해
노력해야 한다는 내용이 있다. (O , X)

정답 ❶ O ❷ X ❸ O ❹ X ❺ O

기후 위기를 극복하기 위한 시간이 많이 남지 않았습니다. 전 세계가 힘을 합쳐 파국을 막기 위해 실천해야 합니다. 미래 세대의 주인공인 청소년이 자발적으로 행동에 나설 때입니다.

"우리는 존재를 뒤흔드는 위기, 인류 최대의 위기에 직면해 있습니다. 그러나 이 위기를 알고 있는 사람들은 수십 년 동안 그 사실을 모른 체했습니다. 누구를 말하는지 여러분은 잘 알 것입니다. 그 위기를 모른 체한 사람은 바로 여러분입니다. 대부분의 잘못은 바로 여러분이 저질렀습니다. 우리 청소년들은 그 위기에 책임이 없습니다. 우리는 이 세상에 태어나자마자 평생

짊어져야 할 위기를 만났습니다. 우리 자식도, 그 자식의 자식들도 마찬가지입니다. 하지만 우리는 그러한 미래를 받아들이지 않을 것입니다. 그렇게 되도록 내버려 두지 않을 것입니다. 그래서 우리는 등교를 거부합니다. 미래를 원하기에 학교를 파업합니다."

이 장에서는 이 멋진 연설로 각국의 청소년들이 기후 위기와 관련한 운동에 동참할 수 있도록 문을 연 그레타 툰베리와 우리나라의 '청소년기후행동'에 대해 이야기를 해 봅시다.

작은 시도가 부른 큰 힘, 그레타 툰베리

기후 위기의 심각성을 알리고 세상을 움직이는 데 가장 큰 기여를 한 사람을 한 명만 뽑으라면 누구를 뽑을까요? 아마도 많은 사람이 이 소녀를 지목할 것입니다. 바로 스웨덴의 십 대 환경 운동가인 그레타 툰베리입니다. 그레타는 미국 시사 주간지 〈타임(TIME)〉이 뽑은 '2019 올해의 인물'로 선정되기도 했습니다.

그레타는 열한 살이던 어느 날, 학교에서 바다를 오염시키는 플라스틱에 대한 다큐멘터리를 보고 충격에 빠졌습니다. 그 이후로 환경 문제와 기후변화를 공부하기 시작했습니다. 알면 알수록 절망이 찾아왔습니다. 어린 소녀는 말도 하지 않고 먹지도 않았습니다. 걱정이 된 부모가 병원에 데리고 갔는데, 그레타는 아스퍼거 증후군이라는 진단을 받았습니다. 아스퍼거 증후군은 자폐의 일종으로 한 가지 문제에 집중하는 경향이 있습니다. 그레타는 인터뷰에서 아스퍼거 증후군 덕분에 환경문제에 대해 남들과 다르게 들여다볼 수 있었다고 말했습니다.

그레타는 기후 위기 극복을 위한 행동을 시작해, 전 세계를 돌면서 시민들과 연대해 시위를 하거나 연설을 계속했습니다. 그레타가 어떤 실천을 했는지 좀 더 자세히 살펴볼까요?

1. 기후 위기를 알리기 위한 시위와 연설

2018년 8월 20일 금요일. ❶ 그레타는 학교에 가는 대신 국회로 향했습니다. 국회의원에게 기후 위기에 대처하는 책임 있는 행동에 나설 것을 촉구하며 '기후를 위한 등교 거부' 1인 시위를 시작한 것입니다. 처음에는 혼자였지만 그레타와 함께하는 사람이 하나둘씩 늘어났습니다. 그레타의 시위가 SNS를 통해 알려지면서 전 세계의 사람들과 학생들이 시위에 동참하기 시작했습니다. 2019년 3월 15일 금요일에 그레타는 국회의사당 광장을 가득 메운 사람들 앞에서 기후 위기에 맞서 움직여야 한다고 연설했고, 2,000여 개의 도시, 150만 명의 청소년들이 그레타와 함께 시위를 벌였습니다. 이후 청소년들은 '미래를 위한 금요일'이라는 연대 모임을 조직했고 수백만 명의 청소년이 '기후를 위한 등교 거부'에 지속적으로 참여하고 있습니다. 그 모든 것이 그레타라는 작은 거인의 용기 있는 행동에서 시작한 것입니다. 그게 끝이 아니었습니다.

그레타는 제24차 기후변화협약당사국 총회, 세계경제포럼 등 여러 곳에 초청되어 적극적 기후 대응이 시급하다는 내용의 연설을 했습니다.

2019년 참석한 유엔기후행동 정상회의에서는 트럼프 대통령을 비롯한 세계 정상들을 향해 이렇게 외쳤습니다.

"어떻게 그럴 수 있나요? 사람들이 고통받고 있습니다. 우리는 죽어 가고 있어요. 생태계 전체가 무너져 내리고 있습니다. 우리는 대멸종이 시작되는 지점에 있습니다. 그런데 여러분이 하는 이야기는 전부 돈과 끝없는 경제 성장의 신화에 대한 것뿐입니다. 어떻게 그럴 수 있습니까?"

그레타는 이렇게 세상에서 가장 큰 권력을 가진 지도자들에게 직접적으로 책임을 물었습니다. 연설을 할 때마다 그레타는 과학적 근거를 들어 이야기하는데요. 그레타가 인용하는 것은 주로 IPCC의 특별 보고서입니다. 앞 장에서 살펴보았듯이

IPCC는 기후 위기를 막기 위해서 지구 평균기온 상승을 1.5도 이하로 제한해야 한다고 말합니다. 그를 위해서는 빠른 시일 내에 탄소 배출 제로를 달성해야 하는데, 그레타는 각 나라의 정부가 선언에 그치지 말고 적극적으로 행동에 나설 것을 촉구했습니다.

2. 그동안 지킨 개인적인 실천

그레타는 기후변화 활동가로서 탄소 발자국을 줄이기 위한 개인적 실천도 꾸준히 하고 있습니다. 그중 하나가 비행기를 타지 않는 것입니다. 툰베리는 기후 위기를 알리고 연설을 하기 위해 유럽의 수많은 도시와 미국, 칠레를 방문했는데요. 유럽에서 다른 도시로 이동할 때는 주로 철도를 이용했고 바다 건너 다른 대륙으로 이동할 때는 태양광 요트를 이용했습니다.

비행기는 이산화탄소 배출량이 교통수단 중에서 가장 많습니다. ❷ 승객 한 명이 1킬로미터를 이동할 때 발생하는 이산화탄소 배출량을 보면, 기차는 14그램, 자동차는 42~55그램인데 비해 비행기는 285그램입니다. 전체의 이산화탄소 배출량 중 비행기가 차지하는 비율은 2.5퍼센트 정도로 추산됩니다.

그레타의 고향, 스웨덴에서는 '플뤼그스캄(Flygskam)'이라는 단어와 함께 비행기 타는 것을 거부하는 운동이 생겼는데요.

영어로는 '플라이트 셰임(Flight Shame)'이라고 합니다. 즉 비행기로 여행하는 것이 부끄럽다는 의미입니다. 비행기를 타는 행동에 대해 마음의 갈등을 느끼고 윤리적인 책임을 느끼는 사람들이 생겼다는 말이기도 합니다. 대신 기차로 여행하면서 뿌듯함을 느끼는 사람들도 늘어났는데, 이에 해당하는 '탁쉬크리트(Tagskryt)'라는 용어도 있습니다. 영어로는 '트레인 브래깅(Train Bragging)'이라고 합니다. 탄소 배출이나 기후변화에 대한 문제의식이 높은 스웨덴 사람들과 그레타 덕분에 이러한 운동이 세계적으로 퍼지고 있습니다.

그레타가 유엔기후행동 정상회의에 참석하기 위해 미국 뉴욕으로 갈 때 이용했던 배도 당시에 화제가 되었습니다. 태양광 패널과 수중 터빈을 갖춘 약 18미터짜리 경주용 요트를 타고 4,500킬로미터를 15일 동안 항해했는데요. 이것은 바다를 건너는 과정에서 배출되는 탄소를 최소화하기 위한 선택이었습니다. 이 요트의 주된 동력은 돛을 이용한 바람입니다. 태양광 패널은 조명 및 통신을 위한 전력을 제공하고 수중 터빈은 전력을 생산해 바람을 보조합니다. 이 배에는 샤워실도, 조리 시설도, 심지어 화장실도 없습니다. 파란 양동이 하나가 화장실을 대신하고 냉동건조된 식품을 먹습니다. 돛에는 그레타의 슬로건인 "Unite Behind the Science"가 새겨져 있습니다. '과학으로 단결

하고 과학에 따라 행동하라'는 뜻입니다.

최소한의 시설만 갖춘 작은 배에 선장과 선원, 다큐멘터리 감독, 그레타, 그레타 아빠 이렇게 다섯 명이 타고 항해를 했으니 엄청 불편했을 것입니다. 그러나 그레타는 그런 환경 속에서도 꾸준히 SNS로 사람들과 소통했고 돌고래를 만나고 은하수를 관찰하는 기쁨을 사람들에게 전했습니다. 그레타는 제25차 기후변화협약당사국 총회에 참석하기 위해 스페인으로 돌아올 때도 선체 2개를 연결한 쌍동선을 타고 20일간 항해했습니다. 이러한 교통편은 모두 그레타의 뜻에 동조하는 사람들이 제공해 준 것입니다.

그레타는 이렇게 비행기 안 타기, 대중교통 이용하기 외에도 채식을 실천합니다. 또 새 옷을 사지 않습니다. 그러나 이러한 개인적 실천으로 기후 위기를 막을 수 있냐는 질문에 그레타는 단호히 아니라고 대답합니다. 다만 우리의 행동이 바로 환경을 보전하지는 못하더라도 주위에 영향을 줄 수 있다고 합니다.

"비행기 탑승을 거부하면 내 탄소 발자국을 최소화하는 것뿐 아니라 주위 사람들에게 기후 위기가 정말 심각하다는 메시지를 줘요. 또 캠페인이 되기 위한 동력이 될 수도 있어요."

우리나라에서도 청소년들이 앞장서서 기후 위기를 극복하기 위해 노력하고 있습니다. '청소년기후행동'은 바로 기후 위기 문제의 시급성에 공감한 청소년들이 만든 단체입니다. 청소년의 입장에서 기후 위기에 대한 실효성 있는 정책을 고민하고 알리며, 기성세대에게 적극적인 기후 위기 대응을 촉구하는 활동을 하고 있습니다. 그레타가 시작한 '기후를 위한 등교 거부'에 동참하고 교육청이나 환경부를 방문해 요구 사항을 전달하기도 했으며 기후 위기에 대한 헌법 소원을 내기도 했습니다. 청소년기후행동에서 추진하고 있는 활동 중에 몇 가지를 살펴보면서 우리가 실천할 수 있는 것들을 구체적으로 알아봅시다.

1. 학교급식에서 채식 식단 요구

청소년기후행동은 서울시 교육감과 면담하는 자리에서 채식 식단의 필요성을 이야기했고 교육감은 그 요구를 받아들여 시행을 약속했습니다. 왜 채식 식단을 요구했을까요? 고기를 생산하는 축산업은 온실가스를 많이 배출하기 때문입니다. 그럼, 축산업의 문제를 자세히 살펴볼까요?

축산업에서 배출되는 온실가스의 양은 전 세계 온실가스

배출량의 15퍼센트가 넘습니다. 이는 비행기, 자동차, 선박을 포함한 모든 교통수단에서 발생하는 양보다 많은 양입니다. 육류 중에서도 가장 온실가스를 많이 방출하는 것이 양고기와 소고기입니다. 양이나 소와 같은 반추동물은 풀이나 질긴 식물을 섭취할 수 있는데, 장내 미생물이 소화를 돕는 과정에서 메테인 가스가 발생합니다. 이 메테인 가스는 트림과 방귀를 통해 배출됩니다. ❸ 이 메테인은 온실가스 중 이산화탄소보다는 적은 양을 차지하지만 온실효과에 기여하는 정도는 이산화탄소의 30배쯤 됩니다. 배설물에도 온실가스인 이산화질소와 메테인이 포함되어 있어 온실효과를 일으키고 물과 공기를 오염시킵니다.

또한 가축을 기르고 사료를 재배할 목장을 짓기 위해서는 넓은 땅이 필요합니다. 우리나라 사람들이 먹는 연간 소고기 소비량은 33억 킬로그램인데 이를 위해서는 서울 면적의 1/4에 해당하는 땅이 필요합니다. 지금까지 가축을 키우기 위한 땅을 확보하기 위해 산림을 개간해 왔는데, 예를 들면 아마존 밀림의 70퍼센트 이상이 목장을 짓기 위해 파괴되었다고 합니다.

고기를 얻기 위해 필요한 물의 양도 어마어마합니다. 소고기 1킬로그램을 얻기까지 소비되는 물의 양이 1만 5,500리터라고 합니다. 토마토 1킬로그램을 얻는 데 쓰는 물이 214리터인 것에 비해 72배의 물이 소비되는 것을 알 수 있습니다.

그래서 IPCC 특별 보고서에서는 지구 평균기온 상승을 1.5도로 제한하려면 육식 위주의 식습관을 바꾸어야 한다고 권고하고 있습니다. 보고서 작성에 참여했던 환경 과학자, 피트 스미스 교수는 이렇게 말했습니다. "우리는 사람들에게 고기를 먹지 말라고 하는 것이 아닙니다. 다른 선택의 여지가 없는 사람들도 있으니까요. 그러나 서유럽에서 고기를 너무 많이 먹고 있다는 것은 명백한 사실입니다."

우리나라의 경우 원래부터 육식을 즐겼던 것은 아닙니다. 1인당 연간 돼지고기 소비량이 1970년에 2.6킬로그램에서 2018년 25.2킬로그램으로 10배가량 증가했습니다. 경제적 여건이 나아지고 식단이 서양식으로 많이 바뀌면서 육식의 소비가 엄청 늘어난 결과입니다. 그러므로 육식을 지금보다 줄인다 해서 건강상 큰 문제가 생기는 것은 아닙니다. 오히려 지나치게 고기를 먹는 것은 성인병이나 비만의 원인이 되기도 합니다. 전 세계의 소를 모두 모아 나라를 하나 만든다면 그 나라의 온실가스 배출량은 세계 3위가 됩니다. 소고기 섭취만 줄여도 기후 위기 극복에 도움이 될 것입니다. 이런 이유로 육식을 줄이고 채식을 늘리는 것은 기후변화를 막기 위해 개인이 할 수 있는 것 중에서 가장 효과가 좋은 방법이라고 볼 수 있습니다. 신념을 가지고 지속적으로 채식을 실천하는 사람을 '채식주의자'라고 합니다. 환경에 대한 신념 외에도 종교적 이유, 건강상의 이유로 채식주의자가 되기도 합니다. 환경채식주의도 어느 정도까지 채식을 실천하느냐에 따라 느슨한 채식주의자인 '플렉시테리언'부터 엄격한 '비건'까지 다양한 등급이 있습니다. 선진국에서는 채식주의자를 위한 선택 식단을 제공하는 문화가 자연스럽게 정착되었으나 우리나라는 아직 그런 분위기가 형성되지 못했습니다. 청소년기후행동에서는 기후 위기에 대한 실천으로 학교급식에서 채식을 권장하고, 채식주의자를 위한 식단을 제공해 그들의 선택을 존중하라는 요구를 한 것입니다.

그럼 학교급식에서 채식 선택 급식을 먼저 실천한 울산시 교육청의 사례를 살펴볼까요? 우선 교육청은 채식 급식과 채식 교육이 기후 위기 극복을 위한 실천이며 학생들의 인식을 변화시키기 위한 교육의 일환임을 분명히 하고 있습니다. 2020년 7월부터 학교에서 일정한 주기로 '채식의 날'이나 '고기 없는 월요일'을 실시하고 있고 각 학교에서 희망자에게 채식 선택 급식을 제공하고 있습니다. 이전에는 채식을 하고 싶은 학생들이 별도의 식단을 선택하지 못하고 고기를 빼고 먹는 수밖에 없었다면 이제는 육식을 대체해서 먹을 수 있는 식단을 제공한다는 것이 큰 차이입니다.

2. 석탄에 투자하지 않는 은행 선정 요구

청소년기후행동은 서울시 교육청에게 석탄에 투자하지 않는 은행을 금고로 선정해 줄 것을 요구했습니다.

석탄에 투자한다는 것은 어떤 의미일까요? 석탄 산업의 대표적인 사례로 화력발전을 들 수 있습니다. 화력발전은 화석연료를 연소시켜 나오는 열에너지로 전기에너지를 얻는 발전 방식입니다. 터빈에 연결된 발전기가 회전하면 전자기유도 현상으로 전기가 생산됩니다. 화력발전은 터빈을 돌리는 방식에 따라 증기 터빈 방식과 가스 터빈 방식, 둘을 결합한 복합 방식으로 나눌 수 있습니다. 우리나라의 화력발전소는 대부분 연료를 태워 물을 끓인 후 그 수증기로 터빈을 돌리는 증기 터빈 방식을 이용하고 있습니다. 주로 수입한 석탄을 연료로 사용합니다.

석탄을 이용한 화력발전은 우리나라 온실가스 배출량의 52퍼센트를 차지할 정도로 기후변화의 주요 원인입니다. ❹ 우리나라는 전체 발전량 중 화력발전이 차지하는 비중이 43퍼센트로 가장 높습니다. 기후 위기를 극복하기 위해서는 지금부터 화력발전을 과감히 줄이고 재생에너지를 이용한 발전을 늘여 나가야 합니다.

석탄 화력발전은 기후변화 외에도 미세먼지의 주범이기도 합니다. 석탄 화력발전소에서 배출되는 질소산화물과 황산화물은 미세먼지를 만들며, 이는 다시 대기 중에서 화학반응을 일으켜 2차 오염 물질을 만들어 냅니다. 석탄 화력발전소에서 나오는 오염 물질들은 자동차에서 배출되는 오염 물질보다 미세먼지에 더 큰 영향을 미칩니다. 실제로 우리나라 대부분의 석탄 화력발전소는 충남 지역에 분포하고 있는데 서울보다 충남이 미세먼지 수치가 더 높습니다.

탈탄소 사회로 가기 위해서 기후 위기의 주요 원인인 기존의 발전소나 산업을 퇴출해야 합니다. 국제에너지기구(IEA)는 '이미 투자했으나 그 수명이 다하기 전에 더는 경제적 수익을 내지 못하는 자산'을 좌초자산(stranded asset)이라고 정의했는데요. 석탄 산업은 대표적인 좌초자산입니다.

국제에너지기구는 지구 평균기온 상승을 1.5도 이하로 억제하려면 2050년까지 석탄 화력발전 비중을 7퍼센트까지 낮추어야 한다고 했고 이 경우, 화석연료 매장량의 84퍼센트가 좌초자산이 됩니다.

영국의 한 연구소가 내놓은 〈저렴한 석탄, 위험한 착각: 한국 전력 시장의 재무적 위험 분석 보고서〉에 따르면 우리나라가 석탄 화력발전을 현재와 같이 유지할 경우 좌초자산으로 인한 손실액이 세계에서 가장 높을 것이라고 합니다. 기후변화에 대한 대응이나 경제성 측면에서 볼 때, 국가 예산으로 발전소를 새로 건설하거나 기존 시설을 수리하는 데 비용을 낭비해서는 안 된다고 강조했습니다.

이러한 국제적 추세에 발맞추어 청소년기후행동이 '탈석탄 금고 지정'이라는 구체적인 요구를 한 것입니다. 서울시 교육청은 이를 반영해 '교육청 금고 지정 및 운영 규칙'을 개정해 평가 항목에 '생태전환교육 연계 탈석탄 선언 실적'과 '사회적 책임 경영의 교육 기여 효과'를 반영하기로 했습니다.

3. 헌법 소원 청구

2020년 3월, 청소년기후행동은 정부와 국회가 기후 위기에 제대로 대응하지 않아서 우리의 기본권이 침해되었다는 이유로 헌법 소원을 청구했습니다. 헌법 소원 심판청구서에서 "온실가스 감축 목표 제정의 법적 형식과 구체적인 범위를 정하지 않고 행정부에 포괄적으로 백지 위임한 저탄소녹색성장기본법 제42조 제1항 제1호는 위헌이다"라고 주장했습니다. 또한 2010년에 제정된 저탄소녹색성장기본법 시행령에는 2020년까지 온실가스를 5억 4,300만 톤 감축하겠다는 조항이 있었는데요. 2020년 온실가스 감축 목표가 전혀 이행되지 않은 상태에서 아무런 설명이나 해명도 없이 자의적으로 이 조항을 폐지한 행위도 위헌이라고 주장했습니다. 마지막으로 2019년 12월 31일에 개정된 조항에서 대한민국의 2030년 온실가스 감축 목표를 약 5억 3,600만 톤으로 규정하고 있는데, 이 감축 목표로는 파리협정에서 합의된 내용을 맞출 수가 없다고 주장했습니다. 헌법재판소는 이 청구를 받아들여 헌법 소원을 심판에 회부하기로 결정했습니다.

그렇다면 우리나라 헌법에는 국민의 기본권으로서의 '환경권'이 어떻게 기술되어 있을까요? 헌법 제35조가 환경권에 대한 내용인데요. 아래의 세 조항으로 이루어져 있습니다.

1. **모든 국민은 건강하고 쾌적한 환경에서 생활할 권리를 가지며, 국가와 국민은 환경 보전을 위해 노력해야 한다.**
2. **환경권의 내용과 행사에 관해는 법률로 정한다.**
3. **국가는 주택개발정책 등을 통해 모든 국민이 쾌적한 주거 생활을 할 수 있도록 노력해야 한다.**

⑤ 즉 우리 모두 건강하고 쾌적한 환경에서 살 권리가 있다는 것이고 국가와 국민은 그것을 위해 노력해야 할 의무가 있습니다.

헌법 소원을 비롯한 기후 소송은 기후변화에 대해 무책임한 정부와 기업의 책임을 묻고 행동을 촉구하기 위한 방법 중

하나입니다. 이전에 청소년이 목소리를 낼 때 기특하다는 정도의 관심이 돌아올 뿐, 구체적인 변화는 없었다고 청소년기후행동은 말합니다. 그래서 더 적극적이고 강력한 수단인 헌법 소원을 청구한 것입니다.

그렇다면 시민들이 정부를 상대로 기후 위기 대응을 제대로 하지 못한 책임을 물어 승소한 사례가 있을까요? 네덜란드 환경단체 우르헨다(Urgenda)는 지난 2013년, 네덜란드 정부를 상대로 기후 위기 대응이 미흡하다는 취지의 소송을 제기했고 7년여간의 소송 끝에 네덜란드 사법부는 2019년 12월, 정부에 온실가스를 적극적으로 감축하라고 원고 승소 판결을 내렸습니다.

청소년 활동가들은 말합니다. "우리는 기후변화에 대해서 제대로 교육받은 첫 번째 세대이며 행동할 수 있는 기회가 있는 마지막 세대다"라고. 이 책을 읽는 여러분들도 기후변화에 대한 이해를 바탕으로 지구를 구하는 마지막 기회에 적극적으로 동참하시길 바랍니다.

30초 복습 퀴즈

배운 내용을 찬찬히 떠올리며 아래 빈칸을 채워 보세요.

IPCC는 기후 위기를 막기 위해서는 지구 평균기온 상승을 ❶(　　　　)도 이하로 제한해야 한다고 강조한다. 기후 위기의 심각성을 알리고 기성세대의 행동을 촉구하는 '기후를 위한 등교 거부' 시위는 스웨덴의 환경 운동가 ❷(　　　　　　　　)가 시작했다. 그는 기후변화 연설을 위해 나라를 이동할 때도 교통수단 중 이산화탄소 배출량이 가장 많은 ❸(　　　　　) 대신 철도나 태양광 요트를 이용했다. 청소년기후행동은 축산업에서 배출되는 온실가스 배출량을 줄이기 위해 교육청에 채식 식단의 학교급식을 요구했다. 가축 중 특히 양과 소에서 온실가스인 ❹(　　　　　)의 배출이 가장 많다.

정답 ❶ 1.5 ❷ 그레타 툰베리 ❸ 비행기 ❹ 메테인

참고자료

도서

- 게르하르트 슈타군 지음, 안성철 옮김, 《알수록 재미있는 날씨 이야기》, 옥당, 2016
- 공우석 지음, 《왜 기후변화가 문제일까?》, 반니, 2018
- 김병권 지음, 《기후 위기와 불평등에 맞선 그린뉴딜》, 책숲, 2020
- 김호령 외 지음, 《중학교 과학 3 교과서》, 동아출판, 2020
- 남성현 지음, 《위기의 지구, 물러설 곳 없는 인간》, 21세기북스, 2020
- 비비아나 마차 지음, 이현경 옮김, 《열여섯 그레타, 기후 위기에 맞서다》, 우리학교, 2019
- 아이뉴턴 편집부 엮음, 《뉴턴 하이라이트 133 날씨와 기상》, 아이뉴턴, 2019
- 이기영 외 지음, 《고등학교 지구과학 교과서》, 비상교육, 2018
- 이지유 지음, 《기후 변화 쫌 아는 10대》, 풀빛, 2020
- 후루카와 다케히코, 오키 하야토 지음, 신찬 옮김, 《기상 예측 교과서》, 보누스, 2020

논문/보고서

- 국토연구원 보고서(이유진 지음), 〈그린 뉴딜(Green New Deal) 시사점과 한국사회 적용〉, 국토연구원, 2019
- 한국에너지공단 신재생에너지센터 보고서, 〈2016 신재생에너지의 이해〉, 한국에너지공단, 2016
- 한국에너지공단 신재생에너지센터 보고서, 〈2018 신재생에너지백서〉, 한국에너지공단, 2018
- Global Market Report 21-001, 〈주요국 그린뉴딜 정책의 내용과 시사점〉, Kotra, 2021

사이트

- 청소년기후행동 https://youth4climateaction.org/

단번에 개념 잡는 기후변화
9가지 핵심 질문으로 빠르게
마스터하는 중학 과학의 기초

초판 1쇄 2021년 6월 30일

지은이 박영희, 박지선, 한문정

펴낸이 김한청
기획편집 원경은 차언조 양희우
마케팅 최지애 설채린 권희
디자인 이성아
경영전략 최원준

펴낸곳 도서출판 다른
출판등록 2004년 9월 2일 제2013-000194호
주소 서울시 마포구 동교로27길 3-12 N빌딩 2층
전화 02-3143-6478 **팩스** 02-3143-6479 **이메일** khc15968@hanmail.net
블로그 blog.naver.com/darun_pub **페이스북** /darunpublishers

ISBN 979-11-5633-400-2 44000
979-11-5633-399-9 (세트)